AF440587

Contabilidad

Una guía completa para principiantes que quieren aprender sobre los principios básicos de contabilidad, impuestos para las pequeñas empresas y los procedimientos contables

Índice

Introducción

Este libro analiza los conceptos básicos y las bases de la contabilidad, ofreciéndole un equilibrio entre la teoría y los ejemplos prácticos. La contabilidad es un concepto vasto con una amplia gama de usos, y si usted dirige su propia pequeña empresa, el conocimiento de la contabilidad y la teneduría de libros le dará la ventaja. La mayoría de los contables tienen conocimientos a nivel de experto, lo que les permite ofrecer servicios de consultoría de alto nivel. Tanto si tiene un contable y quiere aprender más sobre el tema, como si está empezando en el negocio y necesita aprender a hacerlo usted mismo, este libro lo tiene todo cubierto.

Cubrimos las herramientas, las técnicas y los métodos relevantes utilizados por los contables de hoy en día. Dado que la teneduría de libros y la contabilidad están principalmente digitalizadas ahora, nos hemos asegurado de que la información se adapte a las nuevas técnicas tecnológicas en lugar de a las técnicas manuales anticuadas.

Desde la explicación del plan de cuentas hasta las formas más creativas de ordenar sus sistemas contables, nos hemos asegurado de que usted comprenda todo el alcance de las tareas automatizadas, manteniendo intactas las ideas fundamentales de la contabilidad y otros principios. El enfoque exitoso para manejar su negocio es tener personas que realicen estas tareas, pero, pensamos en los dueños de negocios que no pueden permitirse contratar a un contador o consultar a uno debido al alto costo de una consulta.

Piense en esta guía como una guía de "primeros auxilios" para la teneduría de libros y la contabilidad. Consúltela cuando necesite ayuda sobre los principios básicos de la contabilidad, necesite repasar sus conocimientos o incluso si quiere comprobar lo que hace su contable o gestor.

Además, al hablar de las herramientas y métodos de análisis financiero, también se aborda la fiscalidad y su importancia para el rendimiento empresarial.

Este libro se diferencia de todos los demás libros similares del mercado porque nos hemos tomado el tiempo de escribirlo de forma fácil de leer y explicando la jerga necesaria. Así que, si está preparado para dar sus primeros pasos en la contabilidad y la teneduría de libros, vamos a sumergirnos.

Capítulo 1: ¿Qué es la contabilidad (y puedo hacerla por mi cuenta)?

¿Es la contabilidad una ciencia espacial?

¿Puedo llevar mi negocio sin un contable?

Estas son algunas de las principales preguntas que puede hacerse cuando tiene un negocio o está considerando convertirse en contable. ¿Qué piensa que es un contable y cuál es la idea o el concepto principal de la contabilidad?

Para empezar, utilicemos un ejemplo típico de la vida para ilustrar como llevamos la contabilidad en nuestra vida cotidiana. Por ejemplo, podemos tener un presupuesto limitado para la compra de la semana, y tenemos que decidir en qué gastar eficientemente el dinero para obtener el máximo valor. Tiene que decidir si necesita esa marca cara o una marca inferior le servirá igual. También hay que decidir si se necesita todo lo que se quiere o si solo hay que limitarse a lo esencial esta semana. Otro ejemplo sería la compra de un coche o una casa mediante un préstamo. A menudo se encontrará en la disyuntiva de solicitar un préstamo a este banco o acudir a otro que le ofrezca un tipo de interés más bajo y más facilidades.

Sea cual sea la situación, todos estamos expuestos a los principios contables básicos cada día, y sus decisiones son solo una versión reducida de las que debe tomar un empresario.

Esos principios básicos incluyen:

- Recopilar información financiera de varias fuentes.
- Considerar todos los factores conocidos antes de decidir.
- Decidir y evaluar de vez en cuando.

¿Qué es la contabilidad?

Fundamentalmente, usted actúa como su propio contable en muchas situaciones de la vida. Esto le permite, en ocasiones, elegir o encontrar un trato mucho mejor cuando se enfrenta a carencias en su presupuesto o, simplemente, cuando prefiere hacer recortes de gastos cuando su tesorería es escasa.

La contabilidad no solo gira en torno al concepto de efectivo o riqueza monetaria, sino que también gira en torno a otras áreas fundamentales que implican:

- Análisis y gestión de riesgos
- Coste de oportunidad y toma de decisiones
- Soluciones óptimas para diversos problemas, etc.

Así, en términos sencillos, la contabilidad es:

"EL ANÁLISIS DE LOS EVENTOS RETROSPECTIVOS FUSIONADOS CON FACTORES VARIABLES PRESENTES PARA HACER UNA SUPOSICIÓN/EXPECTATIVA RAZONABLE O FORMAR DECISIONES FUTURAS".

Aunque mucha gente considera que la contabilidad significa registrar hechos pasados, no es así. La contabilidad tiene un alcance mucho más amplio en el mundo real, extendiéndose a la mayoría de los sectores y horizontes de las economías mundiales.

¿Juega un contable un papel vital?

La respuesta corta es sí. La contabilidad empresarial le proporciona a usted, como propietario, una imagen detallada de su negocio. Un contable puede ayudarle a hacer un seguimiento de sus ingresos y gastos, a asegurarse de que cumple con la legislación gubernamental y estatal, a pagar los impuestos y a proporcionarle a usted, a sus inversores y al gobierno información financiera, ayudándole a tomar las decisiones empresariales correctas.

Pero un contable lleva muchos sombreros, dependiendo del tipo y el tamaño de la empresa para la que trabaja, como, por ejemplo:

1. Asesoramiento sobre estructuras empresariales

Una de las funciones contables más importantes es la de asesorar, y gran parte de ella está relacionada con la estructuración de la empresa de la forma adecuada. También abarca la reestructuración financiera, el cumplimiento corporativo y estas diversas áreas:

- Políticas de RRHH y programas de mejora de los empleados
- Implantación de un sistema de control eficaz
- Estructuras de mejora de la organización
- Fusiones y adquisiciones
- Asuntos legales y resolución de conflictos, etc.

Cada vez hay más contables que se dedican a prestar asesoramiento financiero independiente y a realizar análisis empresariales.

2. Facturas y facturación

El objetivo principal de toda empresa es ganar dinero. Un contable es necesario para asegurarse de que se factura a todos los clientes a tiempo. Si nadie emite facturas o recupera el dinero de los clientes, su negocio no puede tener éxito. Un contable es esencial para supervisar estos procesos y realizar los pasos necesarios para manejar estos asuntos.

3. Límites de crédito y registro de ventas

Las empresas determinan los límites de crédito de sus clientes, y estos desempeñan un papel crucial. Los límites de crédito deciden cuánto puede tomar el cliente en bienes o servicios prestados sin pagar de inmediato. Muchas empresas confían en trabajar dentro de sus límites de crédito, ya que los préstamos son una transacción típica cuando las empresas están empezando. Las ventas son una parte vital del éxito de la empresa, ya que determinan su potencial de crecimiento y rentabilidad. Un contable puede llevar fácilmente un registro de esas ventas para las pequeñas empresas.

Proporcionan una gran variedad de informes sobre las pequeñas empresas, incluidos los informes de clientes que determinan quiénes son los principales compradores y ¿quiénes le solicitan bienes y servicios con frecuencia?

4. Facturas de proveedores

La tarea principal de un contable es gestionar las finanzas o administrar el dinero de la empresa para utilizarlo de forma óptima. Los contables se encargan de la fase particular de los pagos en el momento adecuado para asegurarse de que se sigue un proceso ágil. Los proveedores suelen ponerse en contacto directamente con el contable de la empresa para preguntar por sus facturas pendientes. El trabajo del contable es asegurarse de que se les paga en el momento adecuado y de que la empresa no se quede sin liquidez. Esta es una función vital para que el negocio fluya sin problemas.

5. Gestión del sistema de nóminas

En las grandes empresas, RRHH se encarga de crear las nóminas. En las pequeñas empresas, el contable se encarga principalmente de las nóminas y de la contratación. Los contables son necesarios para crear las nóminas y hacer un seguimiento de los empleados para que ningún empleado cobre de más o de menos en ningún caso. Si hay más de tres o cuatro empleados en una empresa, resulta difícil hacer un seguimiento de todos sus pagos, por no hablar de cuánto debe la empresa a esos empleados. Los contables crean un proceso mucho más ágil que garantiza que el tiempo se contabiliza adecuadamente y que ningún empleado se queda sin cobrar cada mes.

6. Consultor legal

Las leyes de cada país cambian continuamente, y esto puede dar lugar a:

- Restricción en el desempeño de las actividades empresariales
- El cumplimiento de nuevas normas y reglamentos específicos para evitar sanciones
- Evaluación de la realización de actividades empresariales en el país

Es esencialmente un requisito tener un contable que le represente en asuntos legales porque los contables están siempre al día en su campo de conocimiento. Esto permite a las empresas evitar cualquier restricción o multa que pueda perjudicar su crecimiento empresarial.

¿Necesita un contable?

Las pequeñas empresas rara vez necesitan un contable para realizar estas tareas. No es seguro asumir que los contables no son necesarios, y muchos propietarios de negocios y empresarios tienen un contable a su lado para asegurarse de que su negocio funciona sin problemas.

Cuando una sola persona intenta hacerlo todo, es demasiado, y el negocio se resiente. Es posible que se necesite un contable o un gestor contable para ayudar con la carga de trabajo mientras se siguen atendiendo las necesidades diarias del negocio.

Pero si usted es el propietario de una pequeña empresa y quiere ocuparse de estos aspectos a menor escala, el enfoque de manejar estas cosas por su cuenta es factible y rentable.

La clave de este sistema es equilibrar la carga de trabajo y asegurarse de no asumir demasiado. Esto garantizará que las interrupciones se mantengan al mínimo y que la empresa pueda funcionar sin problemas.

Tareas principales de un contable

Para ilustrarlo, observe la siguiente imagen:

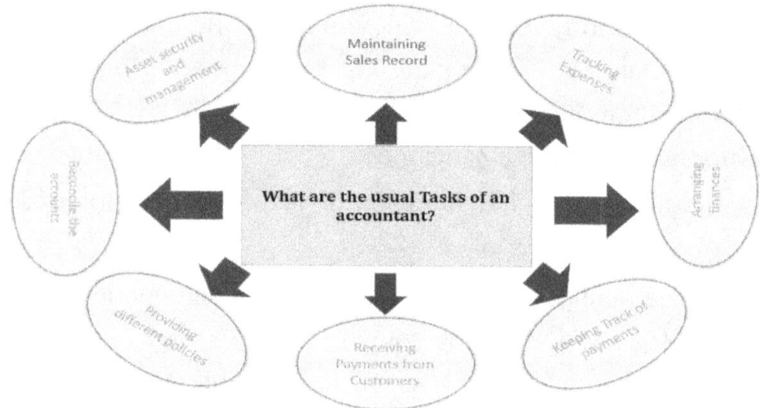

La imagen explica los elementos cruciales para ayudarle a ponerse al día con lo que debe recordar cuando actúe como contable:

1. Llevar un registro de ventas adecuado.

2. Llevar un control de todos los gastos y no pagar accidentalmente una factura dos veces, algo que puede ocurrir con las grandes empresas debido a fallos en su software de contabilidad.

3. Asegurarse de tener una política sólida y un contrato adecuado que haga cumplir los pagos de los clientes dentro del plazo definido y no conceda a ningún cliente un crédito excesivo. Establecer un límite de crédito adecuado para cada cliente y modificarlo siempre que sea necesario.

4. Asegurarse de tener un contacto adecuado con el banco para que, si alguna vez se queda sin liquidez, el banco pueda conceder un préstamo para cubrir los gastos y mantener el negocio en marcha.

5. Optar por lo seguro a la hora de seleccionar a sus proveedores, ya que mucha gente suele depositar demasiada confianza en un proveedor, lo que utilizan para aprovecharse de sus clientes y aumentar sus precios. Así que busque siempre diferentes presupuestos y póngalos en la balanza antes de tomar una decisión.

6. Asegurarse de que hay seguridad para proteger sus objetos de valor. Esto puede incluir el dinero en efectivo, los vehículos o el inventario de alto valor, que pueden ser fácilmente embolsados o robados.

Capítulo 2: Contabilidad vs. Teneduría de libros

En el capítulo anterior, aprendimos sobre la contabilidad y lo que significa ser contable. Este capítulo desvelará las diferencias comunes entre la contabilidad y la teneduría de libros, ofreciéndole una visión general de lo que maneja cada una.

¿Es diferente la contabilidad de la teneduría de libros?

Puede que se encuentre con estos términos y piense que la contabilidad y la teneduría de libros son lo mismo, pero le aseguramos que no lo son. Para explicar por qué, considere que la contabilidad es como una porción de una pizza, mientras que la contabilidad es la pizza entera.

La teneduría de libros es una pequeña porción de un pastel más grande, una pequeña parte de la contabilidad, mientras que la contabilidad tiene un alcance mucho más amplio y completo.

Podemos llevar esto a otro nivel. La contabilidad se resume en cinco componentes principales, y el siguiente diagrama de flujo aportará mucho valor a su comprensión.

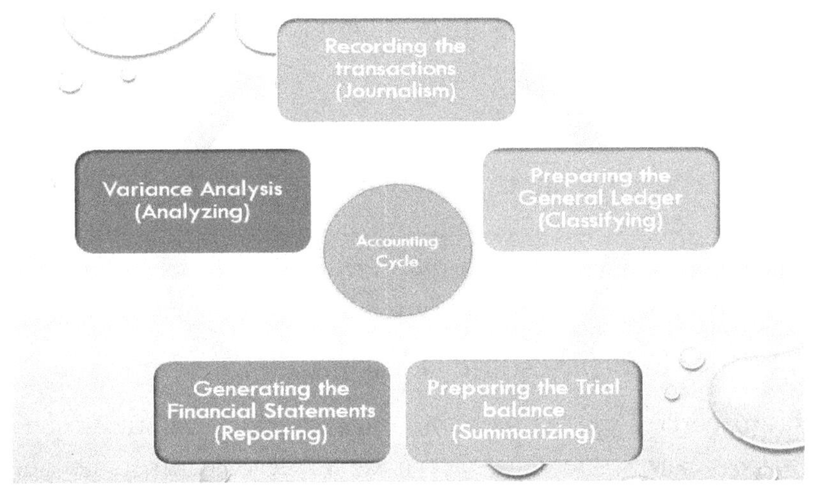

Aquí podemos ver como la contabilidad combina sus componentes subdivididos:

1. Registrar las transacciones

Este componente implica el registro de las transacciones financieras que se han producido. Se trata de una técnica crucial para garantizar que todos los datos se registren y se tengan en cuenta para el procesamiento necesario. Todos los contables se aseguran de que los datos o transacciones que registran tienen todos los detalles necesarios y cumplen con todos los criterios necesarios para demostrar la idoneidad de los datos. Este primer paso desempeña un papel importante en tres áreas clave:

a) Un sistema de control integrado que registra perfectamente todos los datos necesarios.

b) La seguridad sobre la continuidad de la solidez financiera de la empresa.

c) La presentación de informes en la fase final.

2. Clasificación de las transacciones registradas

Una vez capturados y registrados los datos, la siguiente fase consiste en clasificar esas transacciones en varias rúbricas, según a qué se refiera la transacción. Algunos ejemplos son el mobiliario de oficina, el gasto en vehículos de la empresa, las existencias, las ventas, etc.

3. Resumir todo el registro

Resumir significa utilizar todos los datos encontrados en cada categoría o clase y reunirlos para formar un conjunto de información completo. La integración es la primera fase de procesamiento, que muestra una imagen financiera breve pero concisa.

4. Informes sobre la información registrada

La mayoría de los empresarios quieren varios informes que les permitan analizar diferentes facetas de su negocio. Eso solo puede hacerse si los datos iniciales son suficientes, de modo que, si los datos registrados en las fases primarias carecen de fundamento y detalle, los informes finales no serán completos. El informe más importante es la cuenta de resultados, que muestra rápidamente la situación financiera del negocio.

5. Analizar la información

Aunque la información pueda parecer organizada y fácil de entender, puede estar lejos de serlo. Gran parte de esto se reduce a quién recopiló y procesó la información y a la calidad de los registros. Si no se llevan registros adecuados, puede ser imposible que un tercero, como un contable, los entienda. El análisis de la información consiste en cotejarla con la de años anteriores, lo que permite hacerse una idea de si la empresa ha crecido o no y con qué éxito, o no.

10 grandes diferencias entre la contabilidad y la teneduría de libros

Para aclarar la diferencia entre ambas, hemos colocado una tabla comparativa lado a lado, que lo ilustra mejor.

	Contabilidad	Teneduría de libros
Alcance	Hemos explicado cómo puede considerar los cinco componentes para formar un único ámbito en la contabilidad. Pero su trabajo principal actúa en la interpretación, el análisis y la presentación de la información financiera.	La teneduría de libros se ocupa normalmente de la identificación, la medición y el registro de los hechos financieros. Por eso la teneduría de libros es una parte de la contabilidad.
Procesamiento de datos	La contabilidad implica un procesamiento de datos muy extenso, ya que cada parte de los datos obtenidos tiene que ser reportada de manera concisa y significativa.	En la teneduría de libros no hay procesamiento de datos, ya que se registran los datos, se archivan y se guardan los datos recogidos.

Decisiones de la dirección	La contabilidad es la principal herramienta utilizada por la dirección para la toma de decisiones. La contabilidad se divide a su vez en dos áreas principales que incluyen la contabilidad de costos y de gestión y la contabilidad financiera. La dirección utiliza ambas áreas contables para sus respectivos objetivos y necesidades.	La teneduría de libros no permite a la dirección tomar decisiones o tomar decisiones valiosas basadas en los datos recogidos, ya que los datos brutos no proporcionan una visión de cómo se reflejan en el proceso global a menos que se procesen adecuadamente.
Uso y propósito	El uso o propósito de la contabilidad es principalmente para que la gerencia y terceros obtengan información valiosa sobre sus operaciones.	El uso y propósito de la teneduría de libros es recoger y registrar adecuadamente los eventos financieros.

Competencia requerida	La contabilidad requiere personas competentes para elaborar informes, y el análisis de los datos es complejo y complicado.	La teneduría de libros no requiere ninguna competencia, ya que se sigue de forma sistemática y prediseñada.
Categorías	La contabilidad se divide a su vez en categorías para su uso por parte de la dirección. (Se ha explicado anteriormente)	La teneduría de libros se divide en dos sistemas. Sistemas de partida única o sistemas de partida doble.
Preparación de informes	Al final del procedimiento contable se preparan varios informes y estados financieros.	La teneduría de libros no implica la preparación de ningún estado de este tipo.
Analizar la información	La contabilidad implica un extenso análisis de la información, que solo pueden hacer personas bien formadas debido a la complejidad de la naturaleza de la tarea.	No incluye el análisis de la información.

| Cualificaciones | Las cualificaciones necesarias para que una persona sea un contable competente incluyen ser CC (Contable Colegiado), ADCC (Asociación de Contables Colegiados), CPA (Contable Público Colegiado), CCYG (Contable de Costes y Gestión), etc. | Cualquier persona puede ocuparse de la teneduría de libros con cualquier cualificación. |
| Nivel de experiencia | La contabilidad requiere un gran nivel de experiencia. | La teneduría de libros no requiere experiencia, ya que es fácil de realizar. |

La contabilidad y la teneduría de libros de hoy en día

En los tiempos modernos, ambos campos han experimentado cambios masivos en su ámbito y línea de trabajo. Con la introducción del procesamiento semiautomático y la IA (Inteligencia Artificial), el mundo de la contabilidad y la teneduría de libros evolucionó rápidamente para hacer frente a la tecnología en constante cambio.

Los expertos estiman que el negocio de la contabilidad estará valorado en casi 12.000 millones de dólares en 2026. Ahora, la mayoría de las pequeñas empresas y startups consideran al contable como una de las partes más críticas de su organización. Puede parecer una estadística sorprendente, pero el factor principal de todo esto es que las organizaciones se dan cuenta de la importancia del contable, que ayuda a una empresa a racionalizar sus operaciones y a gestionar sus finanzas. Un buen contable puede hacerle la vida más fácil, permitiéndole elaborar informes precisos en el momento adecuado para asegurarse del cumplimiento de las normas y procesar las declaraciones de impuestos cuando corresponda.

La aparición del software de contabilidad y teneduría de libros

Los interminables cambios en la tecnología condujeron a la combinación de software de contabilidad y teneduría de libros y software como QuickBooks, SAAP y Sage50, que combinan ambos procesos. Una vez introducidos y registrados los datos en el sistema, el software muestra automáticamente todos los informes, eliminando el esfuerzo de clasificar, resumir y reportar los datos y pasar directamente a registrar las transacciones y luego recibir los informes deseados. Estos informes también ofrecen un análisis detallado y una revisión de la información financiera.

Servicios eficientes y económicos

Debido a estos rápidos cambios, muchos de los servicios que tradicionalmente ofrecían los contables se volvieron extraordinariamente competitivos y baratos. Esto hizo que múltiples servicios como la contabilidad, la preparación de impuestos y el análisis de estados financieros fueran más baratos de preparar cuando se ofrecían individualmente o incluso en conjunto. A medida que se encontraba más consistencia e integridad en la información que las empresas podían producir, la gente no necesitaba la ayuda de los contables. El mismo conjunto de información necesario para fines oficiales y gubernamentales se producía fácilmente.

Alfabetización financiera y facilidad en los procesos

La modernización del mundo ha llevado a que más personas tengan conocimientos financieros. Muchas personas que antes consideraban que la teneduría de libros y la contabilidad eran una tarea difícil, ahora les resulta más fácil adaptarse. Hoy en día, la mayoría de las tiendas de venta al por menor, los restaurantes e incluso las cafeterías tienen un sistema integrado que toma el pedido y hace un seguimiento del inventario y de las ventas realizadas por pedido. Esto ha hecho que cada vez más personas sean conscientes de la necesidad de tener conocimientos financieros y tomar las decisiones empresariales adecuadas para tener éxito.

Introducción de nuevos servicios

El trabajo a distancia nunca ha sido tan fácil. Internet de alta velocidad, la informática basada en la nube y las bases de datos en línea han hecho posible trabajar desde casi cualquier lugar del mundo, lo que ha contribuido a introducir una nueva línea de servicios ofrecidos por los tenedores de libros y los contables. Un contable puede trabajar desde cualquier lugar, que tenga acceso a un internet decente, lo que ha provocado un aumento de la subcontratación. Los empresarios pueden ahora contratar a un contable en línea, utilizando agencias de autónomos, agencias de subcontratación e incluso una publicidad simple en línea. Entre las partes del negocio fáciles de subcontratar se encuentran:

- Sistemas de procesamiento de nóminas y sistemas de gestión de nóminas en línea
- Sistemas de procesamiento de tarjetas de crédito y débito
- Conciliación de las transacciones financieras
- Cálculo de impuestos y servicios relacionados con los impuestos
- Sistemas de gestión de control interno, etc.

Estos servicios han permitido a muchas empresas y pequeños negocios aumentar su rentabilidad y facilitar los procesos. Y los autónomos pueden acceder al trabajo desde cualquier parte del mundo.

Además de todo esto, incluso los contables han mejorado su nivel de servicios, incluyendo:

- Asesoramiento financiero y de evaluación de riesgos
- Presupuestos y gestión de recursos

- Análisis financiero y previsión, etc.

El futuro de la contabilidad y la teneduría de libros

Después de conocer cómo se han fusionado la contabilidad y la teneduría de libros, uno se da cuenta de lo que depara el futuro en ambos campos. Es un hecho indiscutible que pronto la IA (inteligencia artificial) se hará cargo de todo el proceso de contabilidad y teneduría de libros. Como las máquinas recopilan y registran automáticamente las transacciones, habrá menos interacción humana en todo el proceso.

El servicio más útil, que se mantendrá a flote independientemente de la introducción de la IA, será el análisis financiero y la asignación de recursos. La auditoría también seguirá existiendo debido a su carácter normativo. De lo contrario, la contabilidad quedará obsoleta en breve.

Consejos clave para seleccionar el software de contabilidad perfecto

Al seleccionar el software de contabilidad y teneduría de libros, siga estos consejos esenciales:

1. Seleccione el software que ofrece la compatibilidad perfecta para su uso. Si es una empresa de servicios, seleccione el software que ofrezca la mejor contabilidad para empresas de servicio.

2. Recuerde que debe ser coherente al introducir los datos en sus sistemas, ya que es una tarea diaria esencial a seguir.

3. No tema cambiar de software si siente que el actual no cumple con sus requerimientos.

4. Siga las instrucciones y directrices clave que vienen con cada software para poder navegar mejor.

5. Recuerde comprar el software que ofrece seguridad y protección contra entradas no autorizadas, ya que sus registros también son preciosos y cruciales para su negocio.

6. Mantenga el hábito de tener varias copias de seguridad de los registros y asegúrese de tener un registro físico catalogado para navegar fácilmente.

Capítulo 3: ¿Qué métodos de contabilidad se adaptan a mi pequeña empresa?

En los capítulos anteriores, explicamos las ideas y conceptos principales sobre la contabilidad y su diferencia con la teneduría de libros. En esta sección, cubriremos las siguientes ideas centrales:

- La necesidad de los métodos contables y sus tipos principales

- La necesidad crucial de los métodos contables en las entidades comerciales

- Las ventajas fundamentales de cada tipo de sistema. Y lo más importante

- ¿Cómo le beneficiará directamente a usted como propietario de una pequeña empresa?

¿Necesito un método contable?

Es posible que oiga a muchos contables utilizar el término "métodos contables" y se pregunte ¿qué son los métodos contables? Para facilitar su comprensión, un método contable es la forma de manejar sus cuentas o registros financieros. Por lo general, los registros financieros no son lo único que se tiene en cuenta para los métodos contables: los registros, eventos o aspectos no financieros pueden jugar un papel directo en las transacciones financieras. No se preocupe por esto, ya que no le concierne. A continuación, se define brevemente lo que puede constituir un registro financiero.

Usted necesita un método de contabilidad para su pequeña empresa. Lo necesita porque:

1. Los métodos de contabilidad crean una manera fácil de identificar el aspecto natural de la presentación de informes de su negocio.

2. Crea facilidad en la comprensión de cómo su negocio se desempeña con factores variables y cambiantes.

3. Permite que su empresa realice y reconozca los ingresos y, por lo tanto, se informe de los beneficios exactos o adecuados.

En este punto, es posible que se pregunte si necesita decidir un método de contabilidad, pero también puede preguntarse qué significa todo esto.

Devengo o caja: ¿qué son estos métodos contables?

Normalmente, los métodos contables se clasifican en dos:

1. Método de contabilidad de caja

2. Método de contabilidad de devengo

Método de caja

El método de contabilidad de caja implica el registro de todas las transacciones financieras en función del importe de efectivo recibido o gastado durante un período determinado. Esto incluye el efectivo recibido o gastado en forma de transacciones bancarias o efectivo en mano.

Los propietarios de pequeñas empresas suelen utilizar el método de contabilidad de caja, ya que es fácil de mantener y necesita que el efectivo físico esté presente para su uso. Para los impuestos del negocio y la preparación de los registros financieros, es esencial recordar que la selección primaria de un método al principio puede tener grandes riesgos o recompensas asociadas.

Para profundizar, el método de contabilidad de caja establece:

- **Registro de los ingresos físicos:** Digamos que usted recibió una suma de dinero de un cliente después de un período determinado. El ingreso se recibió el primer día del siguiente periodo contable, pero se asoció al periodo natural anterior. Este ingreso se registrará en el siguiente periodo contable.

- **Registrar los gastos pagados:** Digamos que los salarios de los empleados de diciembre de 2018 se pagaron en enero de 2019. El gasto se registraría en enero de 2019.

Método del devengo

Este método de contabilidad implica registrar los ingresos con los gastos asociados o viceversa. También significa que los ingresos o los gastos relacionados con un período determinado deben registrarse en el mismo período en lugar de registrarse cuando se reciben o se pagan.

Este método sigue el principio contable del concepto de correspondencia que establece que:

- **Los ingresos:** Deben registrarse cuando los recibimos. Por ejemplo, usted ha suministrado bienes o servicios a un cliente y ha enviado una factura en enero de 2019, pero ha recibido el pago en febrero de 2019. En este caso, los ingresos deben registrarse en enero de 2019.

- **Gastos:** Deben registrarse cuando los pagamos. Por ejemplo, los salarios del personal de enero de 2019 se pagaron en febrero de 2019. Como estos sueldos se refieren a enero de 2019, deberían haberse registrado en ese momento.

El método contable de devengo sigue una composición única de asientos contables que implican el derecho a recibir, o se establece un derecho a recibir. Nuestros ingresos deben registrarse junto con el correspondiente activo, denominado crédito.

En el mismo caso, cuando se debe pagar, o cuando se establece que se debe pagar por un servicio o un bien recibido, se registran los gastos y se contabiliza correspondientemente a un pasivo, es decir, una obligación de pago asumida por la empresa.

La idea fundamental del concepto de correspondencia lleva a muchas empresas a considerar el método de contabilidad de devengo.

5 pros y contras para saber qué método le conviene más

Método de caja - Pros

El método de caja tiene estos pros:

1. La teneduría de libros es simple y relativamente fácil

El mantenimiento de los registros basados en el efectivo es fácil, y mantiene los registros de una manera ágil. Todo el proceso de contabilidad se vuelve sencillo. Nunca debe haber ninguna preocupación de que los ingresos y los gastos no se hayan incluido en el sistema, en particular los que deben registrarse. Como todo se conciliará al final de un período determinado, la idea de que los ingresos o los gastos se pierdan o queden sin registrar no será un problema. Esto no significa que no se generen facturas o recibos, ya que todos los registros contables acabarán generando facturas o recibos para mostrar que estos coinciden con el efectivo recibido o gastado.

2. Seguimiento preciso del flujo de caja

Como todo se mantiene en forma de dinero en mano o en el banco, cada punto del sistema contable muestra e indica cuánto efectivo se puede utilizar y cuánta financiación se necesitará para mantener cualquier actividad futura. Esto también proporciona el indicador perfecto de la solidez de la caja de una empresa.

3. Facilidad para conciliar la caja con los registros

No solo eso, sino que este método también permite a los
propietarios de las empresas conciliar cualquier diferencia que surja
durante su trabajo en un periodo más corto. Dado que las
transacciones pueden ser rastreadas a través de la cantidad real de
efectivo, facilita el trabajo del propietario de la pequeña empresa,
especialmente si todas las transacciones de efectivo fueron registradas
cuando ocurrieron.

4. No se necesita un contable o asesor

Con la inmensa flexibilidad y la fácil comprensión del método, no
es necesario emplear a un contable o asesor de nivel experto, con lo
que se ahorra dinero. Puede realizar fácilmente la tarea de mantener
los registros usted mismo y hacerlo con relativa rapidez, siempre y
cuando registre todo con regularidad y no lo deje todo para el final de
mes.

5. Rentable y de bajo coste de mantenimiento

La mejor ventaja de este método es que es extremadamente
rentable. Junto con eso, todo este método ahorra tiempo y recursos
para centrarse en trabajos más cruciales en lugar de tener que pasar
innumerables horas arreglando registros contables o errores.

Desventajas

Como en todo, siempre hay desventajas que compensan los
beneficios en diferentes situaciones.

1. Una imagen poco clara sobre el rendimiento de la empresa

Esta es una de las desventajas más importantes del método de caja.
Para mostrarle lo que quiero decir, permítame ponerle un ejemplo.
Por ejemplo, su empresa desarrolla sus actividades en el sector de la
construcción. Debe disponer de financiación (un préstamo) para
comenzar las obras antes de recibir los pagos de la construcción de la
casa (al cabo de tres años). Si acude a un banco o a cualquier entidad
financiera y pide un préstamo, es probable que rechacen su solicitud

porque no ha recibido un pago en efectivo por realizar la construcción y aún no ha registrado ningún ingreso por el proyecto. Esto es así hasta el final del proyecto, y el banco no lo tendrá en cuenta hasta que reciba el dinero. Sin la financiación o el préstamo, no será capaz de construir la casa, y por tanto no recibirá ningún ingreso.

Este ejemplo describe el círculo vicioso en el que pueden quedar atrapados los propietarios de pequeñas empresas al adoptar el método de caja. Esto crea una imagen poco clara del rendimiento de la empresa y de su capacidad para continuar. Y no solo eso:

- Muestra el bajo rendimiento de la empresa si esta obtiene ingresos en una sola temporada y no en un período más prolongado.

- Muestra que el negocio tiene inmensas pérdidas cuando la importante financiación o los préstamos se devuelven finalmente a las instituciones financieras.

- Categoriza el negocio como de alto riesgo con altas recompensas, que muchos accionistas o inversores no están dispuestos a asumir.

2. Perturbación en el seguimiento de los beneficios cada mes

Otro gran inconveniente de este método es el cálculo del beneficio después del periodo. Por ejemplo, si no se pagan las nóminas o el alquiler del almacén de un mes concreto, sería difícil saber el beneficio real de ese mes. No solo eso, sino que esta inseguridad también dificulta la realización de cualquier análisis.

3. Información errónea y base de comparación inadecuada

Este método se basa en gran medida en el momento en que se paga dinero en efectivo, lo que crea una puerta de entrada para que la gente haga un mal uso de los datos y las cifras. Normalmente, los propietarios de pequeñas empresas manipulan las cifras retrasando los pagos o simplemente evitando registrar dichos pagos, ya que las transsacciones en efectivo son las menos probables de estar bien documentadas. Esto crea dos problemas importantes:

- Este método es bien conocido entre los inversores, por lo que es menos probable que inviertan en su empresa si esta sigue dicho método.

- La comparación de dichos registros es imposible debido al comportamiento volátil que presenta el negocio.

4. Es más difícil hacer un seguimiento de las cuentas por cobrar y por pagar

La mayoría de las empresas confían en las condiciones de crédito, lo que les permite gestionar mejor sus finanzas y flujos de caja. En el método de contabilidad de caja, el concepto de cuentas por cobrar y por pagar no existe. Por eso, muchos propietarios de pequeñas empresas tienen que llevar un registro separado de dichas transacciones, que es más difícil de mantener y seguir.

5. Previsiones inexactas

Como muchos de los riesgos asociados a las empresas implican el reconocimiento de los ingresos y la subestimación de los gastos, esto provoca previsiones inexactas sobre el rendimiento de la empresa.

Ventajas en el uso del método de devengo

Las prácticas empresariales estándar incluyen el uso del método de contabilidad de devengo debido a la amplia gama de beneficios.

1. Un historial más optimizado

La mejor ventaja de utilizar el método del devengo es que hace un seguimiento mucho mejor del rendimiento operativo. El registro de todas las transacciones en la fecha en que se producen permite al empresario analizar mejor el negocio y sus condiciones de trabajo.

2. Incrementa la confianza y confiabilidad frente a terceros

A medida que la empresa crea una forma más unificada y ordenada de informes y estados financieros, aumenta su credibilidad. Esto permite que terceras partes, como los inversores, inviertan en el negocio o que los bancos concedan préstamos y finanzas, construyendo una mejor reputación como cliente y una cartera diversa.

3. Contabilización de todas las transacciones

Lo mejor de la contabilidad por devengo es que todos los aspectos del negocio se registran, documentan y pasan por el sistema para garantizar que todo esté en orden. No solo eso, sino que también da una mejor idea sobre las cuentas por cobrar y por pagar del negocio y es más transparente.

4. Rentabilidad exacta cada mes

Normalmente, los métodos contables se clasifican en dos: Esto hace que la empresa realice análisis mensuales o periódicos comparando las cifras con el año anterior para entender su rendimiento.

En el caso anterior, se ha descrito que, para una empresa del sector de la construcción, la capacidad de pedir préstamos es prácticamente imposible si se sigue el método de caja. Esta cuestión se resuelve fácilmente con el método de contabilidad de devengo.

5. Análisis y previsiones fáciles

Muchos contables pueden crear informes y previsiones bien diseñados, que describen con precisión el futuro de la empresa en los próximos meses. Las grandes entidades cuentan con un perfil altamente cualificado de expertos contables presentes en gran número que supervisan y examinan constantemente su crecimiento en los próximos periodos. También puede resultar fácil para las pequeñas empresas, ya que se dispone de muchos factores y se puede prever fácilmente si la empresa sobrevivirá.

Contras del método del devengo

Aunque el método del devengo pueda parecer sobresaliente y el mejor para adoptar, también tiene contras, que lo hacen incompatible para ciertas personas.

1. Dificultad en el seguimiento de los flujos de caja

Todas las empresas necesitan conocer el efectivo que tienen que utilizar para diversas actividades financieras. El seguimiento del flujo de caja es comparativamente fácil en el método del devengo, pero los problemas dentro de dichos flujos de caja son difíciles de determinar. La razón principal es que cuando los estados financieros siguen el método del devengo, tienen en cuenta las partidas/transacciones no monetarias e incluso las que no se han cobrado. El mejor ejemplo de esto es la misma industria de la construcción, que ha tomado un préstamo y ha basado sus actividades en el método del devengo. Ahora, la empresa puede estar presentando grandes beneficios e incurriendo en costes, pero, en realidad, no hay presencia física de efectivo, y su cuenta podría estar con un saldo cero.

2. Puede ser caro y complejo

El método de devengo tiene un diseño complicado de seguir para proporcionar resultados e informes óptimos. Dado que estos diseños tienen que estar dentro de un sistema de control adecuado, a veces resulta caro mantener o sostener dichos diseños. La gigantesca red de empresas y negocios integra a los humanos con las máquinas para producir resultados precisos y no engañosos. Estos diseños, que tienen que estar en su sitio, a veces cuestan mucho dinero y son tan complicados que necesitan la ayuda constante de expertos.

3. Estar al día con las nuevas leyes

Un gran problema del método de devengo es que todos los contables o propietarios de empresas deben estar continuamente en contacto con las nuevas normas de contabilidad y las nuevas leyes. Es necesario conocer las nuevas normas contables porque siempre afectan a las leyes existentes. Todos los propietarios de negocios necesitan entenderlas y aplicarlas.

4. Más dinero significa más impuestos

Tomemos el mismo ejemplo del negocio de la industria de la construcción en el que la persona está obteniendo altos beneficios debido a la adopción del método de devengo. Dado que sus estados financieros muestran beneficios, tendrían que pagar impuestos sobre los beneficios obtenidos. Según la explicación del ejemplo anterior, no tienen dinero para pagar impuestos, ya que no han recibido dinero hasta ahora.

Precisamente por eso, el método del devengo hace que se paguen más impuestos en un periodo concreto y menos en otro. Esto hace que sea más complicado para los empresarios entender cómo afectan estas leyes fiscales a sus resultados financieros.

5. La necesidad constante de un experto

Necesitará la ayuda de un contable a menudo porque trabajar como administrador o banquero es una rutina intensiva. No solo eso, sino que además los contables solo resolverán los asuntos para los que están capacitados cuando se trate de cuestiones o casos complejos o desconocidos. Por lo tanto, esto aumenta el coste del manejo de las cuentas y del método de devengo.

¿Qué método es el más adecuado para usted?

Ahora surge la verdadera pregunta: ¿Qué método contable se adapta mejor a mi empresa? Ya se habrá dado cuenta de que cada método tiene sus pros y sus contras.

A continuación, le presentamos las formas que mejor se adaptan a su situación, ayudándole a elegir el método más adecuado para su empresa. Por ejemplo, si usted es propietario de una pequeña empresa y quiere llevar un negocio independiente sin contables o es contable de una empresa, el método de contabilidad de caja es el que más le conviene. La razón es que:

> 0• Puede que quiera ahorrar costes y no tener que invertir una gran cantidad de tiempo en registros contables o en mantener los registros financieros.

1• Puede incurrir en un coste, pero la dirección de su negocio o el motivo de la empresa es manejar un beneficio más basado en el efectivo, por lo que no surgen problemas de flujo de caja o conciliaciones.

También puede adoptar el método del devengo basándose en los pros y los contras que leyó en la última sección. La selección del método se basa en tres factores:

1. La estructura de la empresa o el motivo del negocio.

2. La utilización de los recursos.

3. Necesidad de informes.

Supongamos que su empresa sigue un patrón o una línea estricta en la que los ingresos importantes son estacionales o se basan en un período, o que su empresa depende en gran medida de los requisitos de presentación de informes para realizar un mejor seguimiento de las necesidades empresariales. En ese caso, el método de devengo es perfecto para sus necesidades. Como ya sabe por los inconvenientes del método de devengo, una de las principales cosas que hay que tener en cuenta es el coste y la necesidad de esos informes.

Como propietario de una pequeña empresa, es posible que no tenga que hacer frente a la necesidad de una línea de informes elevada. Sin embargo, si se trata de una empresa estable y quiere seguir expandiéndose, el método de devengo reflejará la posición y el rendimiento reales de su empresa para que pueda seguir expandiéndose. Por lo tanto, si empieza su negocio desde lo más básico, adopte el método de caja para facilitar todo el proceso.

En casi todas partes, los organismos reguladores permiten que una empresa cambie de un método a otro. El enfoque seguro utiliza ambos métodos cuando considera que es el momento adecuado para adoptar ese método.

Cómo entrar en los sistemas: Partida única o doble

Los detalles del método que elija le darán una orientación. Ya sea que quiera realizar el seguimiento de los registros diariamente, semanalmente o mensualmente, seguramente habrá un método que pueda seguir fácilmente porque, inherentemente, necesitará llevar un registro de sus referencias antes de realizar el registro financiero correctamente.

Supongamos que está atrapado en su trabajo diario y no tiene tiempo para recopilar todas las transacciones en registros adecuados. ¿Cuál sería su enfoque para asegurarse de que las transacciones de hoy no se pierdan mañana? Lo normal es anotarlas de forma aproximada en algún lugar como recordatorio. Así es como funcionan los sistemas contables. Se basan en la idea de que los datos que se escriben en el registro de la transacción son incompletos y se escriben a grandes rasgos, o se escriben con todo detalle reflexionando sobre su naturaleza adecuada.

Sistema parcial: Asientos simples

Tal como su nombre lo describe, es un sistema parcial. Este sistema es parcial porque no contempla el nivel contable necesario. La mayoría de las transacciones se mantienen de forma aproximada o parcial, con poca información presente sobre cada transacción. Este sistema es relativamente fácil y sencillo, pero las cosas se vuelven un poco más difíciles cuando se procesa en las clases o grupos correctos.

Un sistema de entrada única controla principalmente el efectivo recibido y el efectivo gastado. No considera el inventario, las cuentas por cobrar y las cuentas por pagar en el sistema. Recuerde que este sistema no es el más adecuado para el método de caja. Dado que muchas personas mantienen un sistema de partida única que emplea el método de devengo, les resulta más fácil realizar evaluaciones de control.

¿Cómo funciona este sistema?

Este sistema funciona como un pequeño estado de caja. Por ejemplo, en un estado de caja, hay dos columnas. En la columna de la derecha se anota la cantidad de efectivo y cualquier otro ingreso recibido, mientras que en la columna de la izquierda se anotan todos los gastos y cualquier otra cosa que reduzca las reservas de efectivo. Esto es como un libro de registro personal que permite mantener información parcial sobre cada transacción. Esto es lo que suelen hacer muchas personas cuando registran información parcial en sus talonarios de cheques.

Lo que este sistema no mantiene correctamente *es la información del balance,* como el activo o el pasivo. Muchas personas los utilizan como medidas de control para revalorizar la totalidad de sus activos o pasivos según el método del devengo. Este enfoque es a veces engañoso y puede dar lugar a actividades fraudulentas.

Los principios contables generalmente aceptados (PCGA) no recomiendan seguir el método de partida única, ni siquiera para las pequeñas empresas, por esa misma razón. Como es fácil registrar las transacciones, mucha gente opta por seguir con esto para ahorrar tiempo y recursos.

El sistema completo: Sistema de doble partida

Casi todas las pyme (pequeñas y medianas empresas) y las grandes empresas siguen el sistema de contabilidad de doble partida del mundo moderno. Es un método popular porque mantiene todo el sistema de contabilidad actualizado y equilibrado. Las prácticas y los principios comunes también se basan en el sistema de partida doble porque proporciona un enfoque más seguro y equilibrado para el mantenimiento de las cuentas.

La razón principal por la que este sistema es tan popular es que evita que se produzcan múltiples errores y otras equivocaciones y permite prevenir los errores comunes, que a veces pueden ser más difíciles de detectar.

¿Cómo funciona este sistema?

El concepto central de este sistema es que cada transacción tiene dos efectos, opuestos entre sí; siempre habrá un impacto creciente mientras que, simultáneamente, también habrá un impacto decreciente. Estos impactos dan lugar a un equilibrio global, y la ecuación está siempre equilibrada. Estas dos naturalezas equilibradas de las transacciones se denominan *débito* y *crédito.*

Los conceptos relativos al débito y al crédito pueden parecer erróneos. Podemos simplificar el inexacto concepto contable diciendo que algunos elementos de la cuenta son débitos y otros son créditos. Eso no quiere decir que los elementos del débito no puedan darse también como crédito y viceversa.

No vamos a entrar en detalles sobre la ecuación contable aquí, pero es esencial explicarla brevemente para ayudarle a entender. Lo trataremos más ampliamente en un próximo capítulo.

Estas naturalezas del débito y del crédito entran en el criterio directo de la ecuación contable, que es:

ACTIVO = PASIVO + PATRIMONIO NETO

por lo que

ACTIVO (naturaleza del débito) = PASIVO + PATRIMONIO PROPIO (naturaleza del crédito)

De la ecuación se desprende que el activo tiene principalmente carácter de débito, mientras que el pasivo o los fondos propios tienen carácter de crédito. Por lo tanto, cuando un activo (por ejemplo, la compra de un vehículo en esta operación) aumente, se considerará un débito. Si es causado por un pasivo (digamos que se tomó un préstamo bancario, por lo que el nombre del banco debe ser nombrado en la transacción), entonces el efecto de crédito se convierte en uno de pasivo.

Toda esta transacción se representará así:

Vehículo A/C (Un Activo)   Dr.   10,000

La cuenta de préstamo bancario BOA (un pasivo)   Cr.   10,000

Esta transacción refleja la ecuación igualmente equilibrada en la compra de un activo con un pasivo. Si la reducción de otro activo lo causa (digamos que usted compró el vehículo con efectivo en mano o efectivo en el banco), ese activo tendrá un efecto de crédito igual, reduciendo el activo.

Por ejemplo:

Vehículo A/C (Un Activo) Dr. 10,000

Al efectivo en el banco A/C   Cr. 10,000

(El símbolo A/C significa cuenta). Aquí, en estas transacciones, hemos visto cómo las naturalezas de débito y crédito juegan un papel en el sistema de contabilidad de doble partida, que no se encuentra en el sistema de partida simple.

Diferencias comunes para ayudarle a entender ambos sistemas

Para aclarar cualquier concepto erróneo o malentendido que pueda tener, vamos a exponer las diferencias entre ambos sistemas, como se indica a continuación.

- El sistema imparcial de partida simple solo registra un lado de la transacción, un débito o un crédito. El mecanismo completo del sistema de partida doble registra ambos efectos para un enfoque equilibrado.

- El sistema imparcial es relativamente sencillo y fácil de manejar, mientras que el sistema de partida doble es comparativamente más difícil de mantener y a veces se vuelve complejo de manejar.

- El sistema imparcial no produce registros precisos y completos, mientras que el otro sistema produce resultados precisos y sin errores en la mayoría de los casos.

- Es fácil detectar y rastrear cualquier error o riesgo de actividades fraudulentas en el sistema de doble partida. En cambio, el sistema de partida única no ofrece ninguna técnica que pueda ayudar a rastrear las actividades fraudulentas.

- La mejor y más precisa comparación de los dos periodos solo puede hacerse con el sistema equilibrado y no con el de partida única. Este último no ofrece una buena técnica de seguimiento de los registros.

En los siguientes capítulos, nos centraremos en todas las técnicas y metodologías de aprendizaje del sistema de partida doble con el método del devengo, ya que este sistema es complejo de manejar. A menos que se especifique, explicaremos el método de caja cuando trabajemos con los sistemas.

Capítulo 4: Diez herramientas para la contabilidad digital

Esta sección del capítulo se centrará en los softwares contables y su importancia en los tiempos modernos. Esencialmente este capítulo cubrirá:

- Los diferentes tipos de software de contabilidad y su uso en la era tecnológica

- Las principales diferencias entre los distintos softwares

- Las ventajas que le proporcionarán los distintos softwares en función de su modelo de negocio

En este capítulo se tratarán los diferentes softwares que utilizan las empresas. Intentaremos que la información sea lo más cercana posible a usted.

El software digital del siglo XXI

Desde que la tecnología entró en nuestras vidas, casi todos los aspectos de la vida se han transformado. La mayoría de las tecnologías están diseñadas para ayudarnos a ahorrar tiempo, haciendo la vida más sencilla y eficiente. La mayoría de la gente acepta la tecnología hoy en día. Incluso en el ámbito de la contabilidad, el software digital ha hecho notables avances, permitiendo a millones de consumidores hacer su trabajo más fácilmente mientras dedican tiempo a los aspectos más cruciales de sus negocios.

Muchos paquetes de software de contabilidad actuales han afectado enormemente a la forma en que las empresas grandes y pequeñas pueden controlar sus finanzas. Los paquetes de software más comunes y populares entre las pequeñas empresas son:

- QuickBooks Online
- Sage Contabilidad
- Xero
- Sage 300
- FreshBooks
- WagePoint
- SurePayroll
- TSheets
- Expensify
- Neat

Ser un empresario es un reto, y durante estos tiempos difíciles, también es esencial para gestionar su negocio de manera eficiente. Tratar de gestionar todos los aspectos de su negocio es difícil, especialmente para hacer un seguimiento de sus finanzas mientras se asegura de que todo lo demás funciona sin problemas. Por suerte, la mayoría de los programas de contabilidad le facilitan la vida. Aunque no lo harán todo por usted, pueden encargarse de la mayor parte del trabajo, lo que supone un verdadero cambio en el juego para casi todos los negocios.

1. QuickBooks Online

Partiendo de una de las herramientas de contabilidad más populares, QuickBooks Online ha surgido como un software que ha cambiado las reglas del juego y ha facilitado el trabajo. Desde una simple facturación hasta la gestión de registros y el seguimiento de los pagos, QuickBooks lo hace todo mientras usted se sienta, se relaja y disfruta de una taza de café y observa el auge de su negocio en el mercado. La mayoría de los propietarios de negocios no tienen tiempo para dedicar a sus registros financieros para asegurarse de que su negocio funcione sin problemas.

Por suerte, QuickBooks Online le ahorra gran parte del trabajo e incluso produce informes sobre los clientes que pagan tarde. Y si le preocupa que QuickBooks Online no se adapte a su modelo de negocio, no lo haga porque tiene una amplia gama de bases de datos incorporadas que se adaptan a muchos usuarios.

QuickBooks también le permite precargar su plantilla de factura personalizada en lugar de confiar en los diseños estándar del sistema. Gracias a la gran diversidad de informes y a las funcionalidades avanzadas de elaboración de informes que ofrece QuickBooks, tampoco tendrá que invertir tiempo en la preparación de informes.

Con las funciones de sincronización automática, QuickBooks integra los estados de cuenta bancarios o los estados de cuenta electrónicos de las tarjetas de crédito y los procesa al instante. En definitiva, QuickBooks le ayuda a gestionar la mayor parte de los aspectos financieros de su negocio.

2. Sage Accounting

Con la misma popularidad que QuickBooks Online, Sage Contabilidad también le beneficia a usted y a su empresa. Este software de contabilidad suele encargarse de las funciones de gestión de proyectos y otras funciones relacionadas con trabajos concretos. Al proporcionar un cálculo de costes preciso y una asignación de costes a los trabajos, este software ayuda a los empresarios a rastrear su flujo de caja y a gestionar sus beneficios en cada proyecto. Al cubrir la parte de gestión de proyectos, este software juega un papel importante en las industrias de servicios que normalmente dependen de la generación de efectivo de cada proyecto.

No solo eso, sino que Sage Contabilidad también aplica otras mejoras al mostrar los mejores márgenes de funcionalidad para su negocio. Teniendo en cuenta los estándares de costes, muestra los resultados mostrando dónde se puede ahorrar dinero. Aunque requiere un cierto nivel de entrada para generar resultados estimados, es más eficiente.

Como empresario, si cree que su modelo de negocio tiene más proyectos y los costes de los proyectos tienen un papel vital en el rendimiento, Sage Contabilidad le ayudará. Aunque QuickBooks Online ofrece un mecanismo de cálculo de costes mejorado, como principiante, Sage Contabilidad hace el proceso fácil y detallado para que pueda entenderlo fácilmente.

3. Xero

Con grandes competidores como QuickBooks Online, Xero también mantiene una prominente reputación en el mercado. Aunque se parece a QuickBooks en muchas características, este software de contabilidad tiene características únicas que ofrecer a sus clientes. A diferencia de QuickBooks, Xero tiene características de seguridad más integradas que le permiten dejar atrás a QuickBooks Online. A pesar de ello, Xero carece de muchas características que ofrece QuickBooks, pero puede producir un montón de informes, todos personalizados y que varían según el sector.

También ofrece al usuario titular la posibilidad de crear muchos otros usuarios para acelerar el trabajo operativo. Si tiene una pequeña empresa, es posible que necesite más usuarios para acceder al software. Si su empresa tiene varias divisiones a pequeña o mediana escala, la función integrada para incluir a personas de las distintas divisiones puede resultar beneficiosa.

Como empresario, usted lo sabe todo sobre su modelo de negocio. Como la reputación del mercado importa mucho, es esencial saber a qué valores se dirige su negocio. Teniendo esto en cuenta, es posible que desee introducirse en un nuevo mercado para difundir los valores de su empresa. Así, Xero demostrará ser el software de contabilidad más eficiente y rentable para cumplir con su propósito o para satisfacer sus requisitos particulares en tal caso.

4. Sage 300

El uso más avanzado de cualquier software radica en los sistemas basados en la nube, donde se almacenan y guardan todos los datos. Sage 300 ofrece el mismo beneficio a sus clientes asegurando que cada aspecto de su negocio está asegurado y fuera de peligro. La nube permite acceder a los registros financieros de su empresa desde cualquier parte del mundo. Tiene la ventaja de asegurar que su trabajo se agiliza y no se restringe.

Además, al igual que Sage Contabilidad, Sage 300 proporciona una línea más segura e integrada de información y mantenimiento de registros financieros. Puede estar poniendo sus datos y registros en riesgo de ser expuestos o utilizados por usuarios no autorizados o hackers. Al ser los datos inaccesibles y no estar almacenados en hardware físico en sus instalaciones, la seguridad es mucho más estricta.

No solo eso, sino que un sistema basado en la nube también permite que la información y los datos sean accesibles desde cualquier lugar por cualquier persona autorizada con facilidad, y ofrece un tiempo de recuperación más rápido. La generación de facturas, nóminas, ventas y otras facilidades permiten hacer un seguimiento del rendimiento de cualquier división en cualquier momento y desde cualquier lugar de forma segura.

5. FreshBooks

Al igual que QuickBooks, FreshBooks ha ganado popularidad, ya que ofrece varias funciones integradas en su sistema centralizado. FreshBooks permite el control total sobre su diseño sistemático gracias a sus capacidades de consistencia y mantenimiento de registros. Las características de integración y seguridad también se asemejan a QuickBooks y Xero. Con el CRM integrado y el sistema de seguimiento de clientes, FreshBooks sirve a todas sus necesidades financieras.

Siendo un empresario, usted necesita saber cómo se mantienen los ingresos de sus clientes y cómo pueden jugar un papel vital en la determinación de la buena voluntad de su negocio. FreshBooks también ofrece servicios de atención al cliente para garantizar que todos los clientes estén satisfechos y que no haya ninguna interrupción en las operaciones diarias de su empresa. Debe mantener siempre un equilibrio en el trabajo tanto para los empleados como para los clientes, ya que ambos tienen un papel crucial en el éxito de su negocio.

FreshBooks ofrece fiabilidad y consistencia, lo que lo convierte en un gran software de contabilidad para aquellos que desean tener un registro más preciso de sus clientes.

La gestión de su negocio requiere tener a mano los recursos necesarios para garantizar un proceso consistente sin ningún fallo o mal funcionamiento. Incluso si dirige una pequeña empresa, debe asegurarse de que cuando las operaciones son un factor crucial en el negocio, los flujos de ingresos también deben ser considerados para crear una cartera de negocios más sólida y un criterio de trabajo.

Las mejores herramientas para el cálculo de nóminas

A medida que las operaciones se hacen más y más grandes, el procesamiento de las nóminas es una parte esencial de las actividades relacionadas con el trabajo. Ya sean pequeñas o grandes, muchas empresas utilizan diversas oportunidades para reducir sus costes de procesamiento de nóminas y asegurarse de que los cálculos son precisos para evitar cualquier pago indebido a los empleados. Los métodos estándar que utilizan la mayoría de las empresas son los siguientes:

- Permitir que una empresa subcontratada se encargue del procesamiento de las nóminas
- Hacer que los directivos lleven el control de las horas de trabajo del equipo y lo comuniquen
- Contratar a un tercero independiente que controle y registre las horas de trabajo de los empleados
- Crear un departamento de RRHH (Recursos Humanos) que controle las nóminas

Estos métodos y técnicas son útiles y beneficiosos, y permiten a muchos propietarios de empresas ahorrar los recursos necesarios (ya sea tiempo o costes) y mantener todo en orden. Incluso como empresario, puede ahorrar fácilmente tiempo y costes sin invertir tanto dinero con un software de procesamiento de nóminas.

1. Wagepoint

Una herramienta comparativamente simple y fácil de usar, WagePoint proporciona todos los beneficios y usos esenciales del software de procesamiento de nóminas. Al hacer un seguimiento del tiempo y de las horas cobradas en sus hojas de tiempo, WagePoint se convierte esencialmente en una herramienta fácil de usar. Esto no solo le ayuda a ahorrarse el agitado trabajo diario, sino que también garantiza que cada formulario se procese correctamente.

Una de las características significativas que incluye, al igual que cualquier otro software de procesamiento de nóminas, garantiza que los impuestos y otras deducciones de este tipo se realicen de forma automática y precisa. ¿Es esencial para usted saber cuántos impuestos hay que pagar y el número de salarios pagados? Si tiene una pequeña empresa y gestiona todos los empleados, este software es excelente para usted. Si se trata de una gran empresa, este software podría no estar a la altura, ya que no puede rastrear cualquier pago indebido realizado a los empleados. No proporciona las funciones de seguimiento de auditoría que le permiten rastrear todo el movimiento.

Pero como propietario de una pequeña empresa, este software es adecuado debido a su simplicidad para utilizarlo y su facilidad de comprensión.

2. SurePayroll

Siguiendo las mismas características de WagePoint, SurePayroll ofrece una versión aún más sencilla y fácil de usar sin herramientas o mecanismos avanzados. Este software es utilizado normalmente por los propietarios de pequeñas empresas que prefieren mantener las cosas manejables mientras se aseguran de que todo el proceso sigue un método suave y consistente. Este software no tiene ningún mecanismo avanzado ni sistema automático de seguimiento del tiempo. Sin embargo, calcula los impuestos de forma precisa, asegurando que no se enfrenten a las consecuencias de las declaraciones incorrectas.

No solo eso, sino que SurePayroll también hace honor a su nombre y se asegura de que las nóminas se realicen con la mayor precisión posible. Sin interrumpir ni causar problemas en las tareas diarias, SurePayroll proporciona todo tipo de informes que pueda necesitar.

El mejor software de seguimiento de tiempo y gastos

Cuando hablamos de procesamiento de nóminas, el factor central que hace que su nómina sea precisa es el tiempo. Muchos de ustedes ya saben que el seguimiento del tiempo es un factor importante porque ninguna empresa quiere pagar de más o de menos a sus trabajadores. El mayor problema con el seguimiento del tiempo es que hace que los pagos cambien incluso si solo ha habido un error de un solo dígito al marcar el tiempo. Para garantizar que no se produzcan esos errores o equivocaciones y que se sigan todos los procesos, aquí están los mejores paquetes de software de seguimiento del tiempo disponibles.

1. TSheets

Uno de los mejores paquetes de software de seguimiento del tiempo en el mercado, TSheets ofrece a sus usuarios características y beneficios notables. Al crear un sistema dinámico en el que se minimizan las tareas y la confusión de los proyectos, TSheets integra la mejor productividad de sus empleados. Al asegurar que todo pasa por una serie de procedimientos, TSheets hace que sea notablemente fácil de usar y se convierte en la mejor opción.

También permite a las personas hacer un seguimiento de su tiempo sin importar en qué parte del mundo se encuentren y mantener el proceso racionalizado para que todos lo entiendan. TSheets se utiliza comúnmente para QuickBooks Online y Xero, que integra el seguimiento del tiempo con los sistemas de contabilidad. Optimizando el trabajo, TSheets proporciona varias alertas y actualizaciones sobre cualquier tarea o proyecto

TSheets puede ser un poco caro para usted si está tratando de reducir los costos, ya que su costo aumenta por cada usuario añadido al sistema, pero para crear un sistema de control mejor administrado en el seguimiento del tiempo, entonces el aumento del costo puede valer la pena por los problemas que puede resolver. No solo eso, sino que todos los datos se almacenan en línea para poder procesar el tiempo al final de cada día, comprobando si el mismo concuerda con los límites de trabajo.

2. Expensify

Como su nombre indica, este software se encarga generalmente de llevar el registro de los gastos realizados. Con sus funciones de escaneo, Expensify toma el registro de todos los recibos a mano. Siendo un empresario, puede encontrarse con varios momentos en los que no tendrá tiempo para subir los informes e imágenes de los gastos diarios que se producen. Con Expensify, todo esto se convertirá en una tarea fácil y sin complicaciones.

Este software también funciona en los móviles, lo que permite un mejor uso y le da un estado más actualizado de sus gastos. Esto también les da a los empleados y al personal la comodidad de subir sus facturas fácilmente y crear un estado reembolsable para esas facturas.

3. Neat

Trabajando con las mismas características que Expensify, Neat funciona de la misma manera y permite a su usuario escanear sus recibos de transacciones. La característica de escaneo de Neat también funciona en dispositivos móviles o escáneres ordinarios para tomar los datos financieros y procesarlos. Al compartir la información y los detalles con otras personas, Neat se convierte en una herramienta práctica para facilitar las tareas diarias.

Consejos para ayudarle a seleccionar un software digital

Como puede ver, hay un montón de paquetes de software de contabilidad que todo el mundo utiliza, pero como propietario de una pequeña empresa, tenga en cuenta lo siguiente:

i. Utilice solo la versión auténtica del software, ya que a veces la gente intenta estafar y robar sus datos a través de sitios web falsos y aplicaciones falsas.

ii. Recuerde mantener una copia de seguridad consistente de toda la información financiera en un lugar independiente a su software para que pueda ser fácilmente rastreada o recuperada sin problemas.

iii. No utilice nunca versiones crackeadas de software: compre siempre una copia oficial. El uso de software crackeado no solo es ilegal, sino que también corre un alto riesgo de perder sus datos financieros o, peor aún, de ser hackeado. Si pierde sus datos de esta manera, es probable que no los vuelva a recuperar.

iv. Tenga siempre un nombre de usuario y una contraseña seguros en su ordenador y en el software que esté utilizando, lo que ayudará a evitar violaciones no autorizadas en el sistema.

v. Disponga de un software con una función incorporada de seguimiento de auditoría que explique qué usuario entró en el sistema y qué cambios se hicieron en el mismo.

vi. No dude nunca en ponerse en contacto con el servicio de atención al cliente del software, ya que le proporcionará la ayuda deseada.

vii. Asegúrese siempre de crear una cuenta de usuario separada si otra persona quiere acceder a los datos, pero tenga cuidado de no autorizarla a acceder a todos los aspectos de la empresa.

Estos consejos son importantes para aprender y tomar nota, ya que muchas personas suelen cometer estos errores cuando utilizan este software de contabilidad por primera vez.

Capítulo 5: Configuración de un plan contable

En este capítulo, veremos los aspectos prácticos de la configuración y el uso del plan de cuentas. Abordaremos:

- ¿Qué es el plan contable?

- El papel que desempeña el plan contable en su trabajo

- La configuración del plan contable según sus necesidades

- Cómo asegurarse de que el plan de cuentas es coherente y flexible

Comencemos.

¿Qué es el plan contable?

Cualquier contable que sepa lo que hace y tenga una excelente capacidad de asesoramiento le hará a un cliente potencial una pregunta: "¿Cuál es su modelo de negocio?". Quieren saber sus ingresos y gastos, cómo los clasifica y hacia dónde se dirige su negocio. Casi todos los aspectos cualitativos del mundo real se han cuantificado gracias a la contabilidad. El mismo caso se aplica aquí que sus ingresos o costes y los activos de su negocio se han cuantificado, explicando el modelo general de negocio.

Esta ejemplificación se ha dado para crear una mejor comprensión de lo que puede definirse como su modelo de negocio. Antes de que el modelo de negocio de su empresa funcione, los números financieros desempeñan un papel importante. De acuerdo con su naturaleza, estos números necesitan ser categorizados en un marco prediseñado que integre todo el sistema.

Así, surge la comprensión del plan de cuentas. El plan de cuentas es el esquema de los aspectos cuantificados de su modelo de negocio. Todo modelo de negocio tiene elementos comunes, que son los fundamentos de la contabilidad. Todo negocio tiene:

1. Ingresos /Renta

2. Gastos/costes

3. Activos

4. Pasivos

5. Patrimonio neto

Estos son los aspectos cuantificados definitivos de su modelo de negocio, que se integran en el marco financiero conocido como plan de cuentas. Estos planes de cuentas permiten comprender directamente los elementos que se incluyen en ellos. Por ejemplo, los ingresos son un término generalizado o una categoría que define lo que significa, pero para una empresa del sector de servicios, su plan de cuentas definirá los ingresos como ingresos procedentes de clientes o pedidos o ingresos procedentes de clientes contractuales, etc.

El papel vital del plan de cuentas

El plan de cuentas desempeña un papel crucial en la empresa, ya que son los fundamentos principales de sus estados financieros y otros informes, que se generan a partir de aquí. Puede pensar que el plan de cuentas puede crearse de forma general con una pequeña diferencia dependiendo de la empresa. Sin embargo, estos siempre varían de un sector a otro. Incluso difieren de una empresa a otra del *mismo sector.* Y hay que saber en qué consiste y cómo elaborarlos usted mismo.

Además de todo esto, el plan de cuentas suele estar especializado en un nuevo tipo de industria cuyo modelo de negocio no existe ahora mismo. Por ejemplo, las ideas nuevas e innovadoras de muchas empresas emergentes les llevan a desarrollar nuevas y mejores versiones de sus negocios. Para cuantificar la naturaleza de ese negocio hay que conocerlo, ya que puede tratarse de un negocio que no existe todavía.

Por lo general, esto solo puede hacerlo un profesional, por lo que entender su funcionamiento es fundamental si debe hacerlo usted mismo.

Entrando en el trabajo práctico: El plan de cuentas

Antes de explicar cómo establecer un plan de cuentas, un rápido recordatorio: no entraremos en los detalles de cada producto de software, pero explicaremos desde dónde se puede navegar en la mayoría de los casos.

Como se ha explicado anteriormente, el plan de cuentas es un marco financiero que cuantifica su modelo de negocio en los estados financieros. También es un sistema de clasificación que le permite navegar por sus elementos contables con facilidad. Esta clasificación se considera principalmente en secuencias numéricas.

1. Activos

El plan de cuentas comienza principalmente con los activos. Los activos son todos aquellos elementos que usted puede controlar y con los que puede obtener beneficios económicos en el futuro. Estos activos comienzan con una secuencia numérica de "1", extendida hasta "1000" donde los números se asignan siguiente manera: "1000", "1010" o "1020". Esta serie "1000" se asigna comúnmente a los activos corrientes de efectivo en mano o en el banco, comúnmente llamados *efectivo* y *equivalentes de efectivo.* Los activos corrientes también incluyen las reservas en el comercio, las cuentas por cobrar, los depósitos, los pagos anticipados y otras cuentas por cobrar. Si su negocio es una industria de servicios, puede que no necesite elaborar un plan de cuentas para el inventario, ya que puede vender servicios en lugar de bienes.

La serie "1000" se asigna como una secuencia completa a los activos corrientes, que probablemente aumentarán. Todo esto depende de usted, ya que es responsable de armar su plan de cuentas, según lo que explican las prácticas habituales del mercado. Si no necesita un determinado plan de cuentas, no es necesario que lo incluya o lo cree en su lista. Todo este proceso es subjetivo y depende de sus necesidades.

Los activos fijos que no son corrientes suelen tener una vida útil de más de un año y proporcionan beneficios a lo largo de los años. Al configurar el plan de cuentas de los activos fijos o no corrientes, se asignan a la serie secuencial de los "2000", que puede ser "2000 para terrenos y edificios", "2010 para vehículos y automóviles", "2020 para equipos y mobiliario de oficina", etc.

2. Pasivos

El término pasivo es la cantidad que se debe o simplemente la obligación contraída por la empresa de pagar. En el marco del plan contable, la mayoría de los pasivos reciben la secuencia 3, que va desde "3000 a 3999". Las prácticas habituales del mercado crean una brecha considerable entre cada serie. Esto se debe a que los nuevos elementos o formas de interpretación de las NIIF (Normas Internacionales de Información Financiera) o de los PCGA dificultan su consideración inmediata por parte de los empresarios. Esto permite un amplio margen para continuar con la serie sin interrupciones.

En la serie de pasivos, existen tanto pasivos corrientes como no corrientes en la serie "3000", con un rango de pasivos corrientes de "3000 a 3499" mientras que el rango no corriente va desde "3500 a 3999". En la mayoría de los casos no habrá tantos pasivos, pero, por ejemplo, en el sector bancario, la mayor parte del dinero que el banco tiene para sus clientes es un pasivo. Si a esto se le suman los ingresos por intereses de los clientes y otros beneficios, se convierte en una gran parte del pasivo. Para ellos sería necesaria una secuencia de series más amplia para dar cabida a los rubros del pasivo.

Como se ha explicado, todo depende de sus necesidades en cuanto a cómo está dispuesto a organizar las cuentas, ya que estas son las prácticas del mercado, no los requisitos reglamentarios.

3. Fondos propios y cuentas de capital

Los fondos propios a veces ocupan una gran parte, ya que pueden incluir el capital social, el capital en acciones preferentes, los beneficios reservados, los beneficios generales, etc. Esta serie puede comenzar justo después del pasivo, es decir, en la serie de los "4000". Los fondos propios pueden tener tipos de cuentas variables en ellos, pero en la mayoría de los casos abarcan toda la serie de los "4000" con el fin de permanecer en el lado más seguro del esquema de funcionamiento.

4. Ingresos/ Rentas

A medida que avanzamos, la serie pasa a los ingresos o rentas. Hay que recordar que la serie de ingresos o rentas es el ingreso principal de la empresa o los ingresos obtenidos como parte de sus principales actividades operativas. A esta serie de ingresos le sigue y se le asigna la serie de los "5000".

Los ingresos y las rentas también pueden ser de muchos otros tipos. Por ejemplo, también pueden referirse a otros ingresos obtenidos, no como parte de la actividad operativa principal, sino como una fuente de ingresos secundaria o lateral. Este tipo de ingresos se registra en la serie de los "7000", ya que difiere de los ingresos primarios.

5. Gastos/costes de ingresos o ventas

Asignar números a las cuentas del cuadro es fácil, pero hay que diferenciar las series para tratar esas cuentas adecuadamente. Los gastos pueden clasificarse en diferentes tipos. Por ejemplo, los gastos pueden ser costes de ventas/ingresos, gastos administrativos, gastos de venta y distribución, o incluso los gastos financieros. Es esencial que cada rúbrica se identifique por separado y se le dé una secuencia también.

La secuencia de la serie que sigue inmediatamente a los ingresos primarios es el costo de los ingresos o el costo de las ventas, al que se le da el número de serie entre los "6000 a 6800". Esta serie debe continuar directamente después de la serie de ingresos, ya que permite una fácil identificación en el plan de cuentas y en los estados financieros.

Otros gastos como los administrativos, los de venta y distribución y los de marketing se clasifican enteramente en la serie de los "7000". Esto puede variar de un rango a otro, ya que algunas prácticas estándar tienen una brecha entre las series de 300 o 250 antes de que se inicie el otro gasto, y la mayoría de las prácticas solo categorizan todo el gasto en estos rubros.

Tome su decisión basándose en el plan de cuentas

Independientemente de cómo se sigan las prácticas estándar, debe recordar que usted tiene el control y la decisión total para hacer su propio conjunto de cuentas. La verdadera razón por la que se debe seguir una técnica estándar es por la consistencia y similitud que permite a otra persona entenderla fácilmente. Por ejemplo, si su negocio se expande en un futuro próximo o en tiempos venideros, es posible que necesite contratar a un contable. A ese contable le debe resultar fácil entender el marco y el modelo de negocio para adaptarse al entorno de trabajo y a los criterios de trabajo. La práctica común crea una comprensión elaborada pero fácil de los fundamentos.

La numeración en la serie no importa porque se puede decidir la serie de números a voluntad, pero el flujo de elementos debe seguirse en los aspectos definidos anteriormente. En los programas informáticos en los que todavía se sigue la clasificación numérica, estas técnicas ayudarán mucho.

En QuickBooks Online, Xero y otros softwares, la clasificación numérica ya está predefinida en el sistema. Solo es necesario crear los nombres de las categorías a partir de la estructura financiera. En la mayoría de los softwares se puede navegar por el plan de cuentas desde la opción de lista que aparece en la barra del menú superior o desde la opción de empresa en la barra del menú superior.

Fundamentos clave para garantizar la coherencia y la flexibilidad

Al pasar por el proceso de configuración del plan de cuentas, es posible que descubra que navegar por las opciones es fácil. Hay cosas que debe recordar para garantizar la coherencia y la flexibilidad.

- Asegúrese de que puede navegar adecuadamente por las opciones de su software de contabilidad digital.

- Es un enfoque excelente hacer primero un borrador de todo el modelo de negocio para entender los aspectos cuantificables de su modelo de negocio. Esto no solo le ahorrará tiempo, sino que también le permitirá comprender su marco de trabajo.

- No se olvide de consultar los formatos prediseñados o los modelos de cuentas de la empresa presentes en el software de contabilidad digital, ya que le permitirán ahorrar tiempo y editar solo aquellos aspectos que necesite.

- Durante el proceso de preparación, elimine los títulos de las cuentas que no se relacionen con su modelo de negocio. Si su negocio es una industria de servicios y no suministra bienes, entonces tener una cuenta con el nombre de inventario o stock en el comercio no le sirve de nada.

• Mantenga las cosas simples y fáciles de navegar. La gente puede crear un complicado plan de cuentas que no sirve para nada. Así que mantenga siempre todo simple y manejable y solo en la medida de sus necesidades.

• Si su modelo de negocio tiene expectativas de diversificación en el futuro, evite añadir cuentas que no se apliquen en etapas anteriores. Asegúrese de que solo añade las cuentas que necesita y de que muestra su marco y sus finanzas de forma adecuada, ya que un exceso de información o un esfuerzo excesivo y erróneo puede hacer que se pierdan recursos valiosos.

• Una decisión sabia es siempre crear muchas series para poder añadir nuevas partidas de cuentas más adelante, cuando llegue el momento. Dele flexibilidad a todo su proceso para que cualquier cambio pueda ser fácilmente contabilizado y no cause un desperdicio de recursos.

Capítulo 6: Transacciones, libro mayor y libro diario

Esta sección del libro será más descriptiva y le proporcionará la información y los conocimientos contables que necesita para entender estos conceptos:

- Qué es una transacción, y si las transacciones no financieras son importantes para sus cuentas
- Qué son los diarios y sus distintos tipos
- Las cuentas del libro mayor y cómo se utilizan en el software de contabilidad digital
- Cómo procesa el software de contabilidad digital cada fase y parte del ciclo contable
- Ideas para dominar el conocimiento del libro mayor y del diario general

Ahora vamos a empezar.

¿Existen otros tipos de transacciones?

En los capítulos anteriores del libro, hemos hablado de las transacciones financieras y hemos dado una pequeña visión de las transacciones no financieras. A estas alturas, es posible que haya entendido lo que es una transacción y, si observa su negocio, puede detectar algunas cosas que no son cuantificables. Sin embargo, afectan directamente a las operaciones de su empresa.

Por ejemplo, ha oído que ha surgido una nueva ley o un nuevo reglamento que impide ciertas actividades operativas. Este nuevo reglamento o ley no se puede cuantificar en términos de su negocio, pero el impacto de este reglamento interfiere directamente en sus operaciones. Tal vez se pregunte si se trata de una operación y si debe contabilizarla. La respuesta es "sí", porque esto afecta a su negocio y a sus operaciones. ¿Pero qué tipo de transacción es?

Estas transacciones se conocen como transacciones no financieras, que deben contabilizarse de forma similar a cualquier otra transacción financiera. Este tipo de transacciones se revelan en su mayoría, pero a veces se ajustan en nuestras cuentas. Todos estos son conceptos avanzados, y no es necesario entrar en ellos.

Ya sean financieras o no financieras, las transacciones siempre se consideran parte de los estados financieros. Y una transacción es un evento que ocurrió en el pasado y que afecta el desarrollo de las operaciones.

Diarios y libros contables: ¿Qué son?

Para empezar, el libro diario es comúnmente una forma abreviada del libro de contabilidad, que registra y mantiene todas las transacciones que ocurren en un día o en una secuencia, esta última puede ser cronológica. Y cualquier registro escrito en él se conoce como asiento.

Los diarios son las formas más básicas y comunes de llevar un registro. En las pequeñas empresas, la gente tiene un libro en el que se registran todas las transacciones ocurridas en un día: es el libro diario. Los libros diarios se utilizan para los registros de efectivo y para mantener todas las actividades relacionadas con el efectivo, como la realización de una venta o la compra de un artículo. Cada libro diario representa una cuenta particular para la que se introduce y mantiene el registro. Esto se conoce como libro mayor.

Un libro mayor es la representación de una cuenta particular que muestra todo el movimiento en ella. El libro diario y el libro mayor son casi lo mismo porque un libro diario tiene diferentes tipos, como el libro diario de ventas, el libro diario de compras, el diario general y el libro de caja chica. Todos ellos representan un tipo de cuenta particular, y estas cuentas particulares se consideran libros de contabilidad. Los diarios y los libros mayores son lo mismo, pero la diferencia es que algunos diarios solo registran un lado de la transacción de un sistema contable en él, ya sea como una transacción del lado del débito o del crédito. Los libros mayores registran *ambos lados.*

Comenzar con los tipos de diarios

Como propietario de una pequeña empresa, es posible que ya tenga un sistema en el que registra todas sus transacciones financieras. Esto podría incluir libros donde se registran sus ventas, compras y otras transacciones en efectivo, con cada libro cumpliendo un propósito específico.

El mismo concepto aplica aquí para los libros de diario y sus tipos:

i.   Libro diario de ventas

ii.   Libro diario de compras

iii.   Libro de caja

iv.   Libro de caja chica

v.   Diario general

vi.   Libro de devoluciones de compras

vii.   Libro de devoluciones de ventas

Todos estos libros tienen propósitos específicos; veamos cada uno de ellos.

1. Libro diario de ventas

El libro diario de ventas registra todas las transacciones a crédito que se producen al vender bienes o servicios al cliente. Estos libros registran todas las ventas realizadas a crédito que ocurrieron en todo el día y luego crean un monto total de las ventas a crédito realizadas a los clientes. Estos libros tienen un estándar de cuatro columnas en las que se registra el número de serie, la descripción, el número de factura y el importe total. Estos libros también se pueden personalizar según sus necesidades.

2. Libro diario de compras

A diferencia del libro diario de ventas, el libro diario de compras registra las transacciones de tipo crédito en la compra de bienes o servicios. Aquí se registran las compras totales ocurridas en el día y se mantienen en orden cronológico. Con el mismo formato estándar de cuatro columnas, los libros diarios de compras permiten fácilmente a los empresarios llevar un control de sus obligaciones.

3. Libro de caja

El libro de caja es la base principal de las operaciones contables. En el libro de caja se registran todas las transacciones de efectivo ocurridas durante todo el día o un período específico. El libro de caja tiene los dos lados de las cuentas comunes del libro T: un lado del débito y un lado del crédito. Se registra en el lado izquierdo del libro de caja cada vez que se recibe efectivo, es decir, su lado de débito. Se registra en el lado derecho o de crédito en el libro de caja siempre que se gasta efectivo.

El libro de caja se convirtió en la primera base de las cuentas contables, ya que ambos lados de una cuenta contable tienen un saldo deudor y otro acreedor para equilibrar la ecuación contable. Hay una laguna importante en el libro de caja: cuando se adquiere un activo, se considera un gasto, y se anota en el lado del haber del libro de caja. Y cuando se toman préstamos u otro tipo de financiación del banco o de cualquier otra institución financiera, es un pasivo que se anota en él debe como efectivo recibido. Los contables son cuidadosos al examinar el libro de caja porque buscan varios activos y pasivos.

El libro de caja suele tener dos columnas que registran la transacción de efectivo en mano y efectivo en banco, pero a veces la caja chica también se registra en el libro de caja, que entonces se convierte en un libro de caja de tres columnas. Estas columnas están definidas por las otras cuentas de caja que se registran en el mismo libro de caja.

4. Libro de caja chica

El libro de caja chica es el mismo que el libro diario de ventas o el libro diario de compras. Registra todos los gastos menores en los que se ha incurrido durante el día. A veces el libro de caja chica se fusiona con el mismo libro de caja y se denomina libro de caja de tres columnas.

5. Libro mayor

El libro mayor registra todas las transacciones que no implican efectivo y excluye todas las ventas y compras. Cuando se utiliza el término "ventas" o "compras", se refiere a las ventas y compras comunes realizadas en la práctica empresarial actual, que pueden ser diferentes según el sector. Por ejemplo, una industria relojera registraría las ventas de relojes y las compras de las esferas y el marco de cristal.

El libro mayor actúa como un sistema de contabilidad de doble partida en el que se registra un débito y un crédito, como ya se ha mencionado en los capítulos anteriores. Algunos ejemplos de las transacciones que se registran en este libro son la compra a crédito de un vehículo, la depreciación cargada en los activos o las deudas incobrables, etc.

6. Libro de devoluciones de ventas

En este libro se registran todas las devoluciones de ventas de los clientes y, por lo general, de aquellos a los que se les ha realizado ventas a crédito. Las devoluciones de ventas al contado se registran en el libro de caja, pero las devoluciones de ventas a crédito se registran en el libro diario de devoluciones de ventas.

7. Libro diario de devoluciones de compras

El libro diario de devoluciones de compras es el mismo, solo que mantiene los registros de las devoluciones de compras de los proveedores, al igual que el libro diario de devoluciones de ventas, el libro diario de ventas y el libro diario de compras. Solo registra las devoluciones de compras a crédito realizadas en un día, ya que las devoluciones de compras al contado se registran en el libro de caja. También tiene cuatro columnas en total que son las mismas en el libro diario de ventas o en el libro diario de compras.

Todos estos libros de asientos se conocen también como libros de asientos primarios. Esto se debe a que estos libros registran y mantienen todos los registros financieros en la etapa inicial del ciclo contable, la fase de registro.

Siendo un empresario, puede necesitar utilizar estos libros porque tienen varias ventajas.

- Estos libros ayudan a mantener todo el registro en forma física en orden cronológico
- Todos los registros mantenidos en estos libros se basan en recibos o facturas
- Ayudan a contabilizar todos los eventos que ocurren diariamente y como parte de los procesos de conciliación
- Siempre que el auditor requiera los detalles de las transacciones, también podrá encontrarlos en los registros presentes en estos libros

¿Qué diferencia a un libro diario de un libro mayor?

Un libro de contabilidad es un elemento de una cuenta que contiene débitos y créditos. El verdadero concepto de libro mayor surgió a partir del libro de caja que los propietarios de pequeñas empresas solían llevar.

En un libro de caja, el lado izquierdo representa cuánto dinero se recibe y cuándo. Así, cuando un activo aumenta, se representa como un débito. Del mismo modo, el lado derecho del libro de caja representa todos los pagos en efectivo realizados durante todo el período, representados como un crédito porque se acredita cuando un activo disminuye. Así es como surgió el concepto común de cuentas T.

Para ilustrar lo que es un libro de cuentas T, observe la imagen.

Débito			Banco A/a	Crédito	
Fecha	Particulares	Importe	Fecha	Particulares	Importe
Jun-19	A ventas	80,000	Feb-19	Por compras	45,000
Sep-19	A cuentas por cobrar	30,000	Ago-19	Por alquileres	12,000
			Oct-19	Por otros gastos	22,000
			Dic-19	Por saldo llevado al balance (cifra de balance)	31,000
	Total	1,10,000		Total	1,10,000

El libro de cuentas T tiene su lado izquierdo, el lado del débito, y su lado derecho, el lado del crédito. Un libro de cuentas T representa una sola cuenta. Por ejemplo, puede representar una cuenta de caja, una cuenta de vehículos, una cuenta de préstamos bancarios, etc. Esto lo hace completamente diferente del libro diario, ya que algunos libros diarios acomodan un solo efecto, ya sea en él debe o en el haber.

¿Para qué sirve el libro mayor?

Los libros contables son los libros de asiento final que muestran el sistema de contabilidad de doble partida. Es el punto de inicio en el que toda la información se clasifica adecuadamente y se registra en sus rúbricas correspondientes. Cada rúbrica del libro mayor describe categorías separadas de la cuenta. Para preparar los estados financieros, se utiliza el saldo final de cada rúbrica después de un período determinado.

Los saldos de los libros mayores, como los ingresos y los gastos, deben agruparse en la cuenta de pérdidas y ganancias, y no tienen saldo inicial. Los epígrafes del libro mayor, como el activo, el pasivo y los fondos propios, sí se cierran, pero sus saldos iniciales siempre existen en el siguiente periodo. Como empresario, hay que tener mucho cuidado para asegurarse de que todos los epígrafes del libro mayor se clasifican correctamente en el elemento contable. De lo contrario, sus cuentas estarían mal gestionadas y se divulgarían indebidamente.

El libro mayor sirve para otras funciones variables como:

- Garantizar que todas las transacciones relevantes se contabilicen en sus rúbricas correspondientes.

- Detectar cualquier error que pueda surgir en el cálculo de los saldos finales de las partidas del libro mayor.

- Mantener la coherencia en la preparación de informes y otros documentos de este tipo en las etapas posteriores, cuando se cierran todas las cuentas del período.

Contabilizar los asientos en el libro mayor

Los empresarios deben aprender todos los aspectos de su negocio. A veces, también pueden pasar horas tratando de entender un punto insignificante y tratando de elaborar una respuesta. Mientras trata de entender los aspectos financieros de su negocio, puede sentirse confundido o preocupado, especialmente cuando entiende el sistema de doble partida.

¿Cómo se forma una partida doble?

Repase esta sección tantas veces como sea necesario, asegurándose de que la entiende perfectamente. La conciliación en los libros de contabilidad significa que cuando se realiza la doble partida de una transacción, esta se registra en el epígrafe que le corresponde. La confusión en esta etapa se debe a que:

a. Puede crear o traspasar una doble partida errónea, lo que corromperá la información.

b. Puede trasladar la partida doble correctamente, pero contabilizarla en el lado equivocado de los libros de contabilidad.

Para mitigar el primer error, a continuación, se explican las partidas dobles.

Débito	Crédito
Activos	Pasivos
Egresos	Ingresos
Gastos	Capital

Este concepto se ha explicado anteriormente. Naturalmente, algunos elementos de la cuenta se encuentran en él debe, mientras que otros se encuentran en el haber. Al realizar la partida doble, debe recordar cómo las transacciones representarían cada elemento de la cuenta.

Por ejemplo,

I.Egresos Dr.- Cuando incurrimos en egresos o cuando los egresos se incrementan, se debita.

\-   Si el pago que se realiza es en efectivo, entonces se abonaría el efectivo en caja o en el banco. La razón es que cuando pagamos un gasto, nuestro efectivo se reduce. Cuando un activo disminuye, se acredita.

a. Efectivo en mano/efectivo en el banco A/C Cr.

\-   Si el pago no se realiza en efectivo y, en cambio, incurrimos en el egreso, pero no lo hemos pagado, significa que debemos pagar más adelante. Es un pasivo de la empresa/negocio. En este caso, cuando un pasivo aumenta, se acredita naturalmente.

b. Pasivo/Producto a pagar A/C Cr.

De manera similar,

II.Ingresos Cr. – Cuando vendemos bienes o prestamos servicios, obtenemos ingresos, y cuando los ingresos aumentan, naturalmente se acreditan.

-		Si la empresa recibió el dinero al instante por realizar los servicios, entonces nuestro activo, es decir, el efectivo, aumentará, y cuando un activo aumenta, se carga.

a. Efectivo en caja/efectivo en banco A/C Dr.

-		Supongamos que el cliente recibe los servicios de la empresa y no paga el dinero de inmediato, diciendo que pagará más tarde. En ese caso, significa que el dinero es debido por esa persona y es una cuenta por cobrar de la empresa. Por lo tanto, la cuenta por cobrar es un activo sobre el que se tiene derecho, y cuando un activo aumenta, se carga.

b. Cuentas por cobrar/deuda comercial Dr.

De estas explicaciones se desprende una cosa: cuando ciertas cuentas aumentan, naturalmente muestran su correspondencia, es decir, el débito en el caso de que aumente un activo, un gasto de giro, y el crédito en el caso de que aumenten los ingresos, el pasivo o el capital. Recuerde que puede diferenciar el activo, el gasto, el pasivo, los ingresos y el capital al contabilizar las operaciones por el sistema de partida doble. De lo contrario, el error común seguirá dando lugar a cuentas inexactas.

La explicación presentada erradica solo una confusión. La otra confusión, que sigue existiendo, es la contabilización de las operaciones en el libro mayor. Para ello, recuerde siempre que cuando pase el asiento correcto, solo tiene que colocar los valores de las cuentas en el mismo lado con el nombre correspondiente del otro asiento.

Por ejemplo,

I.Gastos Dr.

-      Al pasar el asiento, debe colocar el valor del gasto en el lado del débito del libro de cuentas T, pero debe utilizar el nombre correspondiente de la cuenta que causó el débito del gasto.

a. Si el gasto se pagó en forma de efectivo, debe utilizar la denominación de efectivo en la columna de débito del libro de gastos.

b. Si el gasto no se pagó y se devengó, debe utilizar el concepto de pasivo en él debe del libro de gastos.

II.Ingresos Cr.

-      Al pasar el asiento, debe colocar el valor del ingreso en el lado del haber del libro de cuentas T, pero debe utilizar el nombre correspondiente que causó el abono en la cuenta.

a. Si el ingreso se acreditó debido al cobro en efectivo del cliente, entonces se utilizará el nombre de efectivo en el lado del crédito del libro de ingresos. Del mismo modo, el lado del débito representará el ingreso como la anotación en el lado del débito del libro de caja.

b. Si el ingreso fue acreditado, pero el cliente acordó pagar en una fecha posterior, entonces, en este caso, en el libro de ingresos se utilizará el nombre o cuenta por cobrar en su lado del crédito. Simultáneamente, el libro de cuentas por cobrar será cargado con el nombre del ingreso en su lado de débito.

Estas narraciones suelen ser cruciales a la hora de conciliar las partidas o rastrear las transacciones en todo el sistema.

Cómo la contabilidad digital ha facilitado la contabilización

Es posible que muchos de ustedes todavía se sientan confundidos sobre todo el sistema de contabilidad. Por suerte, el software de contabilidad digital ha facilitado su uso con un mínimo de confusión.

Cuando se presta un servicio, este software digital genera la factura por sí mismo una vez que se completan los datos. A continuación, pasa automáticamente a la doble partida en las dos cuentas correspondientes. El ingreso se acredita en el plan de cuentas, y la otra cuenta, la de caja o la de cobro, también se carga.

Este software ha avanzado tanto que cada aspecto del negocio se gestiona automáticamente mediante el sistema de doble partida. Ya sea que esté comprando un activo, recibiendo fondos, o incluso haciendo un gasto, todo el trabajo se realiza automáticamente, haciendo que el trabajo se agilice.

Contabilidad digital: Contabilización de cada fase

En el capítulo anterior se ha explicado qué tipo de contabilidad digital se adapta mejor a sus necesidades. Ahora detallaremos cómo este software garantizará que cada procedimiento se ejecute y realice con precisión.

El ciclo contable es mucho más complicado cuando tiene que ser evaluado por los contables profesionales en cuanto a cómo los sistemas pueden adaptarse y responder adecuadamente. Como empresario, la evaluación no le concierne, pero la funcionalidad útil de estos sistemas sí.

El periodismo y la creación de libros contables pueden resultar complicados cuando se manejan manualmente. Su uso puede llevar a veces a consecuencias desconocidas y a errores, que pueden llegar a ser complicados y casi imposibles de manejar para usted. El ciclo contable gira en torno al concepto de cómo se pueden registrar, resumir y notificar las transacciones, pero su aspecto más amplio siempre comienza después de la elaboración de informes.

Para la mayoría de los propietarios de pequeñas empresas, el truco no consiste en desarrollar un sistema ajustado que respalde su negocio, sino en mejorar sus criterios de trabajo para asegurarse de que las cosas vayan bien y con seguridad. Desde el registro hasta la presentación de informes, todo se gestiona fácilmente en el software digital.

Registro y contabilización automática de transacciones

Cuando se observa la parte de registro de los sistemas digitales, se ve que, desde la facturación, la gestión del coste de las ventas, las fichas de gestión de activos hasta incluso la programación de la deuda, etc., todo está presente.

I. Ingresos

El sistema de facturación presente en cada software digital pasa automáticamente la partida doble una vez que facturamos. Tanto si la transacción es al contado como a crédito, el sistema se encarga de la doble partida. No solo eso, sino que el seguimiento de los pagos también permite rastrear los pagos y cuándo se realizan. Una vez realizados los pagos, el sistema solo pide el importe y la factura contra la que se ha recibido el pago. Después, el sistema contabiliza automáticamente la doble partida reduciendo el crédito y aumentando el efectivo en la cuenta.

II. Costos de ventas y gastos

Los sistemas también incorporan todas las facturas recibidas de los proveedores, ya sean al contado o a crédito. Una vez registrada la factura en el sistema, la doble partida se realiza automáticamente, incluyendo el pago de las facturas de los proveedores.

III. Activos

Los sistemas digitales más populares, como QuickBooks, tienen un programa de gestión de activos que registra todos los activos y permite su doble partida una vez comprados al contado. Para la compra a crédito de un activo, habría que pasar la partida general manualmente.

IV. Pasivo

Los pasivos comunes de los acreedores comerciales, es decir, los proveedores, se registran en los gastos, pero no se incluyen los préstamos bancarios. Esto también puede incorporarse a la partida doble de forma automática. Esto puede hacerse a partir de las entradas bancarias presentes en los sistemas digitales.

Resumir y reportar automáticamente las transacciones

Como el sistema realiza automáticamente todo el trabajo de registro y contabilización de las transacciones, puede resumir fácilmente todos los libros de contabilidad y preparar el balance de comprobación. No solo eso, sino que también puede producir varios informes para las necesidades de cada usuario.

Capítulo 7: Procesamiento de nóminas e impuestos

Este capítulo repasará las ideas y conceptos esenciales relacionados con los impuestos de la empresa y los impuestos de los empleados. Comencemos.

¿Qué es el impuesto sobre actividades económicas y cuál es la diferencia?

Es posible que ya sepa perfectamente qué son los impuestos y por qué se pagan, pero la verdadera pregunta que le ronda por la cabeza no es qué beneficios tienen los impuestos, sino cómo su empresa gestiona sus impuestos y se mantiene al tanto de las leyes siempre cambiantes.

Debe recordar la primera regla esencial en el mundo empresarial: el propietario y la empresa son dos entidades separadas. La razón es que la ley u ordenanza de sociedades (dependiendo de la función de su negocio) exige que ambos, es decir, usted y su negocio, sean considerados dos entidades diferentes. En la ley, la terminología utilizada para "persona" incluye a las empresas y compañías consideradas como personas jurídicas.

Esto se hace para evaluar los impuestos sobre diferentes bases. La mayoría de los individuos pagan diferentes cantidades de impuestos a sus respectivas autoridades porque cada persona tiene diferentes fuentes de ingresos que entran en diferentes tipos de cálculo de impuestos. El mismo caso se aplica a las empresas. Según su modelo de negocio, muchas empresas tienen diferentes tipos de impuestos y cantidades de impuestos, lo que ayuda a que cada una pueda ser evaluada adecuadamente.

Por lo tanto, los impuestos de las empresas difieren de los impuestos normales que paga una persona, y este tipo de impuesto se aplica a las fuentes de ingresos únicas o diversas de su empresa.

Cómo gestionar los distintos tipos de impuestos

Los dos tipos principales de impuestos, que su negocio debe manejar incluyen:

- Impuestos relacionados con las operaciones comerciales
- Impuestos relacionados específicamente con las nóminas

Hay otras formas de impuestos, pero solo se mencionarán estos dos tipos de impuestos para mantener las ideas y los temas coherentes y sencillos.

1. Impuestos relacionados con las operaciones comerciales

Los impuestos relacionados con las operaciones comerciales implican técnicamente todos los impuestos que recaen directa o indirectamente sobre la propia empresa. Esto no significa que solamente incluya el impuesto sobre la renta. El impuesto sobre la renta grava el volumen de negocios y los beneficios netos antes de la tributación, pero hay otras formas de impuestos como:

I.**Impuesto sobre la propiedad:** Impuesto que grava el edificio comercial si es de su propiedad.

II.**Impuesto sobre las ventas:** Impuesto que grava la venta de bienes o servicios.

III.**Impuesto sobre el valor añadido:** Impuesto que grava los bienes o mercancías para aumentar su coste.

El impuesto sobre la propiedad se cobrará si se es propietario de algún edificio comercial, y la propia empresa debe pagar este impuesto si el negocio tiene la propiedad a su nombre. Por ejemplo, en EE. UU., la S-Corp, es decir, Small Business Corporation (Corporación de pequeñas empresas), es una entidad jurídica independiente y puede poseer bienes inmuebles y otros activos. El impuesto sobre las ventas se aplica a las órdenes del gobierno provincial, estatal o incluso federal sobre la venta de bienes y servicios. El impuesto sobre las ventas suele variar mucho en función del cliente, ya que se aplican tipos diferentes en las distintas regiones. Por ejemplo, en la India, hay diferentes tipos de impuesto sobre las ventas para algunos estados.

Al gestionar sus operaciones como empresario, tendrá que gestionar estos impuestos. Son impuestos diferentes, y las consecuencias de cada uno de ellos son diferentes a ojos de la ley. Muchas personas consideran que el impuesto sobre la renta es el único impuesto que deben pagar. Sin embargo, estos impuestos también deben ser gestionados cuando se toma el impuesto sobre la renta dentro de la perspectiva de desarrollo de un negocio.

2. Los impuestos relacionados específicamente con la nómina

Los impuestos sobre la nómina son una variable completamente diferente. Están relacionados con los impuestos sobre la nómina, que la empresa tiene que retener de la nómina de los empleados al hacer los pagos salariales o ser pagados por su empresa si el contrato establece que el empleador pagará todos los impuestos. Estos incluyen principalmente:

I.Impuestos de Seguro Social y Medicare
II.Retención del impuesto federal sobre la renta en los salarios
III.Impuesto Federal al Desempleo

Estos impuestos a veces son pagados por el empleador, que es usted en este caso, mientras que otras veces, estos impuestos son pagados por los empleados, y se retiene de sus pagos de salarios.

El salario de los empleados suele desempeñar un papel esencial en la empresa, ya que tendría que calcular el importe de los impuestos cada mes de cada empleado antes de pagarles. Y esto será especialmente necesario si tiene tres o más empleados, ya que puede convertirse en una carga si no se gestiona.

Su empresa necesita estar al día con los nuevos beneficios de los empleados y los impuestos sobre las nóminas, ya que están en constante cambio. La responsabilidad principal de la recaudación de impuestos de los empleados o individuos recae en la empresa, ya que facilita el trabajo del gobierno.

Hoy en día, la gestión de los impuestos de las empresas y los impuestos sobre las nóminas de los empleados puede ser complicada cuando se gestionan todos sus aspectos importantes. Sin embargo, muchas empresas han sido capaces de mantener su negocio y sus impuestos a través de sistemas digitales. Los sistemas digitales como QuickBooks, Xero y otros han facilitado las cosas, abriendo las puertas a nuevas y vastas oportunidades que los empresarios pueden explorar.

Procesar la nómina por su cuenta

Su objetivo es el mismo que el de cualquier otro empresario: reducir los costes para aumentar los beneficios. Procesar su nómina es una forma de lograrlo. Hay muchos tipos de software de nóminas que facilitan este trabajo, para que usted pueda sentarse y relajarse.

1. Establecer la funcionalidad de la nómina manualmente

Preparar la nómina manualmente puede ser una tarea que requiera mucho tiempo. Sin embargo, si cree que su modelo de negocio no se integrará con la funcionalidad de nómina predefinida, puede configurar las funciones de nómina según sus necesidades. Dado que la mayoría de los programas digitales tienen una función abierta que permite la configuración manual y las ediciones manuales, su uso le resultará más que satisfactorio.

I. Seleccione el software de nóminas

Para más información sobre cuál es el mejor software de nóminas (y cuál debe de evitar), consulte el capítulo 4: <u>Diez herramientas para la contabilidad digital</u>. En ese capítulo se detallan los requisitos que mejor se adaptan a su modelo de negocio.

Sin embargo, al seleccionar el software de nóminas, debe recordar si desea un sistema digital centralizado o un sistema descentralizado. El software de prestación de servicios de nóminas rara vez está centralizado y difiere totalmente del software de contabilidad principal. Por lo tanto, es esencial que, al seleccionar un software de nóminas, elija el que mejor se adapte a usted y le ahorre tiempo.

II. Agregar su lista de empleados

El segundo paso en el procesamiento de los impuestos de la nómina es asegurarse de que su lista de empleados tiene los detalles completos junto con la documentación completa. Antes de que pueda crear una nómina, necesita tener empleados registrados para pagar los salarios. Los detalles relativos a los empleados pueden incluir el nombre, la dirección, su número de seguro social, el número de identificación del empleado, el número del documento nacional de identidad (SS# en los Estados Unidos), las horas de trabajo, el salario, etc.

Supongamos que es la primera vez que carga la información. En este caso, no tendrá más problemas que el factor de consumo de tiempo, pero si ya dispone de un servicio de nóminas y quiere cambiar, esto le causará serios problemas, ya que tendrá que volver a añadir todos los datos de los empleados.

III. Establezca los parámetros del impuesto sobre la nómina

Una vez que haya completado todos los documentos e introducido la lista de empleados, el siguiente paso es navegar por la sección de nóminas de los empleados para crear una configuración manual. En esta configuración, encontrará varias pestañas que le pedirán varios datos sobre los empleados, el trabajo y sobre usted mismo.

Después, debe crear las tablas de deducción de impuestos y asignaciones manuales para realizar un proceso automático. A continuación, deberá asegurarse de que se menciona el epígrafe correspondiente de la cuenta donde se abonarán las obligaciones fiscales de la nómina. Por ejemplo, si el pago debe hacerse al gobierno federal bajo la Ley Federal de Impuestos de Desempleo (EE. UU.), es necesario mencionar el nombre de la autoridad que recibirá el impuesto.

De igual forma, una vez hecho esto, se deben ingresar las nuevas tasas y otros tipos de impuestos aplicables a la nómina del empleado.

IV. Organizar las fechas de vencimiento

Este paso consiste en establecer las fechas para cada tipo de pago, que se realizará en función de su negocio. Estas fechas incluyen los pagos de salarios, los pagos de impuestos y otros pagos de este tipo, etc. Debe conocer y comprender las fechas en las que debe realizar los distintos pagos.

V. Controle el tiempo y regístrelo

Una vez que todo esté configurado, es el momento de poner en marcha sus operaciones. Introduzca o permita que un software de seguimiento automático del tiempo controle las horas de trabajo de los empleados. De este modo, no tendrá que introducir el tiempo o marcarlo en las hojas de horas manualmente.

También puede introducir el tiempo manualmente, pero eso le llevará mucho tiempo. Muchos programas de nóminas e incluso de contabilidad ofrecen la función de seguimiento automático del tiempo y registran el tiempo trabajado en las hojas de horas semanales y simplemente esperan su aprobación.

VI. Cálculo automático de impuestos

Si ha seleccionado el software de contabilidad más popular del mercado, está de suerte. QuickBooks realizará cálculos de impuestos automáticos en su nómina y simplemente informará de la cantidad que debe pagar a sus empleados. QuickBooks le ayuda a centrarse más en su negocio.

Pero suponga que ha seleccionado un software que no calcula automáticamente las nóminas. En ese caso, deberá dedicar tiempo adicional cada mes para calcular el salario a pagar a los empleados. Gran parte del software online ni siquiera ofrece cálculos automáticos de impuestos, lo que hace que sus tareas diarias sean un reto y una frustración.

No solo eso, sino que el software de cálculo automático de impuestos también retendrá el impuesto sobre la renta a pagar por los empleados al gobierno federal.

VII. Pagar los impuestos y presentar las declaraciones de la empresa

Si tiene un software que calcula todos los impuestos a pagar por sus empleados y los impuestos a pagar por su empresa (sobre los ingresos), lo tendrá más fácil durante la temporada de impuestos, ¡todo el año! Si mantiene el software actualizado (normas y reglamentos), el programa completará dichas partidas en unos instantes; solo tiene que comprobar la cantidad correcta a pagar (que el software le proporcionará si se introducen las hojas de horas o el salario), ¡y ya ha terminado!

Muchos programas informáticos tienen nóminas manuales y, por tanto, tendrá que realizar usted mismo esos complicados cálculos, en cada periodo de pago. Elija su software de nóminas (o todo el paquete de software con cuidado, asegurándose de que las funciones automáticas cubren todos los cálculos, no solo unos pocos.

2. Subcontratar la nómina

El enfoque más inteligente, al que recurren muchos empresarios y contables, es la subcontratación de las nóminas. Las diferentes áreas de una empresa, incluidos los departamentos de apoyo, como los servicios informáticos, el departamento de recursos humanos y la contabilidad, pueden externalizarse fácilmente al tiempo que se gestionan los costes. El equilibrio perfecto entre tiempo, recursos y costes se consigue siempre subcontratando el trabajo.

Tanto si está iniciando su negocio como si lleva algún tiempo funcionando, los proveedores de servicios de nóminas le permitirán realizar su trabajo, lo que supone un verdadero ahorro de tiempo.

Elija su proveedor de servicios

Cuando elija su proveedor de servicios, tenga en cuenta estas tres cosas:

- ¿Cuánto va a ahorrarle?
- ¿Con qué eficacia se gestionará la tarea?
- ¿Qué tan bueno es su servicio de atención al cliente?

I. Actualice su lista de empleados

Antes de configurar su lista de empleados con el proveedor de servicios, debe asegurarse de que todos los documentos y la información relacionada con los empleados están completos. Si es la primera vez que utiliza el software del proveedor de servicios, la carga de la información y los documentos le resultará relativamente fácil y rápida.

Sin embargo, si cambia de su paquete actual a uno nuevo, deberá volver a realizar el proceso. A la hora de seleccionar un servicio de nóminas, elija con cuidado; de lo contrario, puede acabar pagando mucho más en lugar de ahorrarse unos cuantos dólares.

II. Seguimiento del tiempo y las horas trabajadas

Muchos productos de software admiten un único dispositivo o un único ordenador que carga el tiempo y hace un seguimiento de las horas trabajadas; esto evita que otros empleados carguen su tiempo en otros sistemas. Sin embargo, algunas versiones de software más nuevas y mejoradas hacen un seguimiento e importan el tiempo automáticamente desde la interfaz del entorno de trabajo de los empleados. Estas detectan y rastrean automáticamente el tiempo, permitiendo a los empleados centrarse en su trabajo mientras el software anota cada actividad desde el fondo.

Este software puede resultarle más beneficioso porque detecta y registra cada actividad. Usted simplemente aprueba o rechaza el tiempo registrado en los sistemas.

Una vez cargado y registrado ese tiempo, puede importar todos los datos al final de cada mes para conciliarlos con el número de horas que ha trabajado cada empleado.

III. Procesamiento de los pagos e impuestos

El último paso es automático, en el que el proveedor de servicios hace un seguimiento de cada una de las obligaciones y procesa el pago de las nóminas de los empleados. Además de esto, también procesan los pagos de impuestos para las autoridades pertinentes.

Puntos clave a la hora de procesar las nóminas y los impuestos

Algunos puntos cruciales y consejos críticos para evitar consecuencias adversas son:

- Mucha gente confía mucho en los programas informáticos, y la confianza en la tecnología es buena, pero hay que tener cuidado con lo que se introduce al hacer el seguimiento y la auditoría del sistema.

- A veces es necesario que un contable realice una auditoría sobre el funcionamiento del sistema, ya que esto le ayudará a ver una imagen más precisa.

- Recuerde que debe seleccionar un producto de software de confianza con fantásticas opiniones sobre el servicio de atención al cliente; ¡necesitará un proveedor que responda si algo va mal!

- Su sistema funcionará al igual que su negocio; requerirá tiempo para que comprenda e implemente el sistema, así que prepárese para ello.

- Recuerde llevar un registro físico de todas las nóminas procesadas y conciliarlo regularmente con el sistema para poder detectar cualquier discrepancia.

- Recuerde siempre tener un procedimiento de comprobación y balance para evitar contratiempos mayores.

• Asegúrese de que toda la documentación relativa a las nóminas esté disponible con antelación, ya que hay que pagar los impuestos.

• Hay que estar al día con las leyes que cambian constantemente y consultar a un contable cuando no se tenga claro lo que dice la ley.

• No olvide comprobar todos los impuestos empresariales que se aplican a las fuentes de ingresos de su empresa. A veces, el gobierno puede imponer nuevas formas de impuestos, así que asegúrese de estar bien informado.

Como empresario, es posible que descubra que las áreas principales de su negocio pueden gestionarse de forma independiente. Aun así, debe saber que un asesor contable está ahí para ayudarle siempre que se enfrente a cualquier problema (o a cualquier cosa que parezca poco clara).

Hay que gestionar otras formas de impuestos de vez en cuando, pero es posible que nunca tenga que enfrentarse a ellos como pequeña o mediana empresa. Asegúrese de que su empresa también está registrada en las entidades gubernamentales pertinentes, compruebe las leyes estatales y locales.

Capítulo 8: Estados financieros

Veamos la importancia de los estados financieros, incluyendo una explicación en profundidad de las cuentas de resultados, los balances, los estados de flujo de caja y el patrimonio neto.

Estados financieros: ¿Qué son?

Cuando usted dirige su propio negocio, quiere saber cómo está funcionando en un momento dado, y puede evaluarlo observando los beneficios o las pérdidas de su empresa. Cuando se dice que un negocio goza de buena salud, suele referirse al número de clientes o a las ventas promedio por día.

Los estados financieros son la forma resumida de todos los asuntos y el rendimiento de la empresa durante un periodo determinado. Son los informes que le permiten a usted y a terceros evaluar su negocio. Para la mayoría de los propietarios de empresas, los estados financieros son el objetivo final para entender cómo funciona la empresa en un año.

Para evaluar el rendimiento de la empresa, normalmente, el principal indicador es el estado de pérdidas y ganancias, que ahora se llama "estado de resultados globales". Este estado es principalmente el documento que le interesa a usted y a sus socios e inversores. Sin embargo, la cuenta de resultados solo define sus ingresos y cómo gestiona sus activos y otros pasivos. Para ello, existen otros estados financieros que resuelven las preocupaciones que tienen muchos inversores.

Los estados financieros son el documento comercial más importante para cualquier empresa porque casi todo el mundo se basa en estos informes y los utiliza para tomar decisiones comerciales. Si solicita un préstamo, los bancos comerciales le pedirán los estados financieros antes de considerar su solicitud, al igual que cualquier otra empresa de crédito a la que se presente.

Iniciar con el estado de resultados

Todas las empresas obtienen ingresos y tienen gastos y, cada año, se hace un seguimiento de los mismos en los estados financieros para poder elaborar informes precisos. La cuenta de pérdidas y ganancias (o cuenta de resultados) se compone de los siguientes epígrafes:

- **Ingresos:** Se trata de la actividad principal del negocio por la que la empresa obtiene ingreso.
- **Coste de las ventas o coste de los ingresos:** Se trata de los costes generados para obtener los ingresos de la actividad principal de la empresa.
- **Beneficio bruto:** Se calcula cuando restamos el coste de los ingresos o las ventas de los ingresos principales. El margen de beneficio bruto desempeña un papel esencial para evaluar si las operaciones de la empresa están ganando o perdiendo dinero con cada venta. Si los márgenes de beneficio bruto son negativos, significa que la empresa está perdiendo en cada venta de bienes o servicios, esto supone que la empresa puede cerrar pronto sus operaciones.
- **Gastos administrativos:** Los gastos administrativos incluyen sobre todo los gastos relacionados indirectamente con las operaciones. Estos gastos incluyen la oficina, el departamento de contabilidad, el departamento de informática, el departamento de recursos humanos y otros gastos de oficina. Se clasifican por

separado en la cuenta de pérdidas y ganancias bajo otros gastos de operación.

- **Gastos de venta y distribución:** Los gastos de venta y distribución incluyen todo lo relacionado con la entrega de bienes al cliente o cualquier comisión relacionada con la venta. Esto se da sobre todo en la industria manufacturera, donde las mercancías se distribuyen a las sucursales regionales y se venden.

- **Gastos de marketing y publicidad:** Entre los gastos de operación, se incluyen los de marketing y publicidad, que comprenden la publicidad, la promoción y las comisiones de venta. Además, también abarca los salarios del departamento de marketing y publicidad.

- **Gastos financieros:** Los gastos financieros incluyen todas las cargas financieras y los gastos basados en el pago de intereses o cargos al banco. Se clasifica dentro de los gastos *no operativos.*

- **Beneficio neto:** El beneficio neto es la fase final del cálculo del beneficio, en la que todos los gastos se restan del beneficio bruto. El beneficio neto indica si la empresa puede obtener un beneficio después de todos los gastos indirectos relacionados con ella. Para que una empresa crezca, es crucial saber si la empresa puede mantener sus operaciones o hacerlas crecer aún más, lo que se determina con esta cifra.

Hay dos tipos de beneficios netos, uno es antes de impuestos y el otro es después de impuestos. El Estado de Resultados Integrales también incluye las ganancias no realizadas que pertenecen a la categoría de otros resultados integrales, pero este es un concepto avanzado. Antes de los impuestos, el beneficio neto da una idea parcial de si la empresa puede mantener su modelo económico actual.

El gasto en impuestos desempeña un papel muy crucial, ya que muestra si el gobierno apoya su funcionamiento empresarial. Si la empresa se enfrenta a una gran inestabilidad en el mercado y a unos impuestos muy elevados, el beneficio neto después de impuestos se verá fuertemente afectado. Indicará que, por muchos ingresos que obtenga la empresa, nunca podrá expandirse mientras se encuentre en la región o el país actual.

Este análisis financiero, así como la forma de leer los estados financieros y cada uno de los epígrafes de las cuentas, se explicarán en el próximo capítulo. Por ahora, deberá recordar cómo se hace el estado de resultados.

Si se opta por utilizar un software de contabilidad digital, los estados financieros podrían generarse al instante con solo pulsar un botón; hablaremos de ello más adelante.

Equilibrar la ecuación: El balance de situación

En el capítulo anterior, explicamos la ecuación contable. Puede que haya visto que la ecuación contable siempre está equilibrada debido al sistema de doble partida, mostrando una imagen precisa de los asuntos de la empresa.

Por ejemplo, si le preocupa su negocio, no se fiará del estado de pérdidas y ganancias de su empresa, ya que no muestra una imagen exacta de la fuerza y el valor de su negocio. Por lo tanto, necesita una declaración que muestre cuántos activos tiene su negocio para contribuir más a las actividades de inversión. Además, también hay que comprobar cuántos pasivos y deudas tiene la empresa y si existen opciones de financiación.

Del mismo modo, el balance o estado de situación financiera desarrolla la ecuación contable y la resume en un informe.

Así, el balance o estado de situación financiera ofrece una visión más detallada de los asuntos de la empresa. Gran parte de la información sobre el activo, el pasivo y el patrimonio neto se ha dado en los capítulos anteriores. Remítase a ellos para aclarar cualquier cosa que no entienda.

Estado de flujo de caja

El estado de flujos de caja refleja el libro de caja en formato de informe. Si se utiliza el método de caja para la contabilidad, el estado de flujo de caja sería la totalidad del estado de resultados junto con el balance. Si se siguiera el método del devengo para la contabilidad, habría que crear el estado de flujo de caja, ya que los terceros no tendrán acceso a sus cuentas.

Por lo tanto, el estado de flujo de caja muestra el efectivo ganado y el efectivo gastado. El estado de flujo de caja se presenta de dos formas:

I.Método directo: Donde el libro de caja se presenta en forma de informe.

II.Método indirecto: El estado de resultados y el balance se utilizan para informar sobre el flujo de caja.

Las NIIF y los PCGA promueven el uso del método indirecto para presentar el estado de flujo de caja porque subdivide todo el flujo de caja en tres partes:

- Flujo de caja de las operaciones
- Flujo de caja de las actividades de inversión
- Flujo de caja de las actividades de financiación

Estas tres partes del estado de flujo de caja ofrecen una imagen más vívida del flujo de caja de la empresa y muestran si las actividades operativas generan dinero.

Estado de cambios en el patrimonio neto

El estado de cambios en el patrimonio neto ofrece información sobre el patrimonio inicial, las pérdidas y ganancias del año, los dividendos o las extracciones realizadas y el patrimonio final. El estado de cambios también muestra la información relativa al capital de los propietarios en la empresa.

Cómo generan estos informes por medio de herramientas de contabilidad digital

Aunque se necesita un contable para conocer a fondo estos informes, usted puede arreglárselas con un conocimiento básico de los mismos.

Normalmente, todos los programas de contabilidad tienen una función de informes incorporada en la que los informes se generan automáticamente. En este caso, su trabajo sería solo introducir el rango y los datos a extraer de los informes. Una vez que presione aceptar, se presentarán todos los informes, ya que casi todos los programas de contabilidad tienen acceso a las funcionalidades generales de los informes.

También puede editar estos informes manualmente si cree que las partidas de las cuentas están mal reportadas. Simplemente descargando el informe completo a una hoja de Excel, puede extraer y luego editar fácilmente estos informes. Tenga en cuenta que no todos los programas de contabilidad tienen estas funcionalidades, pero la mayoría de estas extracciones de informes y otras funciones de descarga se encuentran en la sección de informes o reportes.

Algunas de estas herramientas digitales también extraen informes de otras maneras. En algunos casos, dan acceso directo a otros informes. Por ejemplo, si accede al informe de ingresos por cliente (si dicho informe está presente en su paquete), accederá automáticamente a las rutas de pago realizadas por el cliente. Una de las mejores características de las herramientas digitales es que, además de la preparación de los estados financieros principales, también facilitan la elaboración de otros informes. En el caso de las industrias de servicios, los informes podrían ser como pérdidas y ganancias por proyecto de cliente, horas no facturadas por cliente, asignaciones y gastos reembolsables pendientes, ingresos por cliente, etc. todos estos informes permiten un gran análisis de informes, que se explicará en el próximo capítulo.

Consejos a tener en cuenta cuando se generan estados financieros

Algunos consejos generales sobre los estados financieros son:

- Generar los estados financieros y registrar los asientos cada mes para mantener la información intacta y segura.

- Los estados financieros pueden prepararse fácilmente, pero no entregue estos estados a terceros sin consultar a su contable, ya que en ellos puede faltar información relevante y otros datos.

- Recuerde que sus estados financieros son la base fundamental de los documentos que se utilizan *en todas partes*. No prepare diferentes documentos para presentarlos en diferentes lugares. Esto hará que la información sea inconsistente y dará lugar a actividades fraudulentas.

- Recuerde hacer una comprobación de la conciliación y una comprobación de la estimación cuando termine de preparar los estados financieros. Esto le permitirá comprobar si las cifras presentadas son exactas.

Aunque usted y muchas personas se esfuerzan por mantener la coherencia de la información, a veces las cosas se descontrolan debido a la presión del tiempo y a otras cuestiones. Por ello, recuerde siempre dedicar el tiempo necesario a su información financiera para que el trabajo no se vea interrumpido.

Capítulo 9: Análisis de los estados financieros

Este capítulo se centrará por completo en la lectura de los estados financieros y en cómo interpretan la información presente.

Desde el registro de los eventos de las transacciones de su negocio hasta su conclusión sobre los estados financieros, usted y todas las personas asociadas a su negocio tienen ahora solo una preocupación, cómo se ha comportado el negocio en comparación con los años anteriores y lo que significa para sus perspectivas futuras. Puede que piense que su empresa está en la cima en este momento, pero cada transacción registrada pinta una imagen del año anterior. Aquellos que se preocupan por su negocio estimarán y decidirán las perspectivas futuras del mismo.

Cada transacción que ha registrado en relación con su negocio estaba relacionada con eventos pasados. Estos eventos ya han ocurrido y han sido registrados, pero los inversores potenciales, los inversores actuales y cualquier organismo oficial que necesite evaluar el rendimiento actual necesitan entender cómo crecerá el negocio en el futuro. Para ello, los inversores de alto nivel utilizan múltiples técnicas, buscando información valiosa en el historial de rendimiento de su empresa, creando todo un escenario en cuanto a su toma de decisiones.

¿Puede el análisis financiero ofrecer predicciones sobre el rendimiento de la empresa?

En el mercado de valores, las actividades comerciales más destacadas se producen a lo largo del día, y los inversores realizan todas estas actividades comerciales. Desde los pequeños hasta los medianos e incluso los grandes inversores, estos vigilan y observan continuamente los patrones del mercado de valores y su rendimiento antes de decidir. En ocasiones, estos inversores cuentan con un equipo experto de contables y corredores que trabajan en estrecha coordinación todo el tiempo. Cuando un acuerdo está listo para ser cerrado, estos inversores se arriesgan. Sin embargo, parten de la base de que las empresas funcionan y estiman los plazos en los que cerrarán sus posiciones bursátiles.

Los métodos exactos que utilizan, las tendencias que observan y los plazos son importantes para ellos, y estas técnicas y métodos que utilizan se basan en el concepto de análisis financiero. El análisis financiero no implica únicamente la comprobación y comparación de cifras, sino que también implica la estimación de las tendencias y patrones del negocio.

A partir del ejemplo del mercado de valores, se puede entender mejor el análisis financiero. Cualquier persona con conocimientos básicos de contabilidad también utilizará algunas de estas técnicas básicas para evaluar su rendimiento.

Visión global básica: Cómo se hace el análisis financiero

La cuenta del resultado muestra estos elementos: Los ingresos, el coste de las ventas o el coste de los ingresos, el beneficio bruto, el beneficio de explotación, el beneficio antes de impuestos y el beneficio después de impuestos. Antes de considerar las técnicas de análisis financiero, hay que tener en cuenta el estado de resultados. Por ejemplo, en el momento en que recibe el estado de resultados de su empresa, puede consultar, a simple vista, lo que está sucediendo y las perspectivas potenciales.

Los resultados no son lo único que define el crecimiento de su negocio. Por ejemplo, la verdadera razón de las pérdidas o los bajos beneficios de este año podría ser el aumento de los intereses y los costes financieros. Ahora bien, no es seguro suponer que su negocio no funcionará correctamente o que lo hará de la misma manera en el futuro. Lo mejor sería recortar el coste haciendo más pagos de capital en los préstamos para reducir el coste financiero. El análisis financiero no implica la toma de decisiones, sino que ofrece una comparación o idea aproximada sobre el negocio en comparación con el año anterior.

Pero por ahora, sigamos adelante con las ideas básicas del análisis financiero y la toma de decisiones en algunos casos.

1. Ingresos y beneficios brutos

Ya sabe qué son los ingresos y cómo se calcula el beneficio bruto. Ahora imaginemos una situación: Los ingresos son de 1.000.000 de dólares mientras que el beneficio bruto es de 455.000 dólares. Automáticamente, se dará cuenta de que el coste de los ingresos o el coste de las ventas es de 545.000 dólares, es decir, (ingresos - coste de los ingresos/ventas = beneficio bruto, coste de las ventas/ingresos = ingresos - beneficio bruto). De lo que no se dará cuenta es del porcentaje que representa el total de ingresos. Puede que se pregunte por qué necesitaría incluso encontrar el porcentaje, y esta es la realidad: Muchas empresas tienen un porcentaje fijo de cambio entre sus ingresos y beneficios brutos directamente proporcional y, que tiene una variación menor del 1 al 3%. Para usted, un beneficio bruto del 45,5% de los ingresos totales puede parecer un logro, pero ¿qué ocurre si otra empresa como la suya obtiene entre el 55% y el 60% de sus ingresos totales como beneficio bruto? Cuando lo comparamos así, se ve claramente que hay muchas o importantes ineficiencias que pueden estar causando un alto coste de ventas.

Las razones pueden ser que tengan más mano de obra y menos máquinas, que se ahorren un gran coste de depreciación o que sus técnicas de trabajo sean más eficientes que las que usted utiliza. Algunas de las ineficiencias más comunes son:

• Utilización de equipos de alta gama, que requieren un gran mantenimiento. El mantenimiento está relacionado con los proyectos de ingresos y se clasifica en el coste de las ventas o los ingresos, pero no incluye la inspección o la sustitución de piezas importantes, ya que se trata de activos).

• Falta de mano de obra o personal. Esto también puede incluir el uso ineficiente de la mano de obra (los trabajadores y otros trabajadores que participan directamente en los procesos de fabricación o prestación de servicios también se clasifican en el coste de las ventas).

• Compra de materias primas caras o incurrir en gastos generales excesivos.

Este tipo de análisis financiero le permite hacer una comparación en todo el sector para ver cómo se comporta su empresa en comparación con los distintos competidores.

Ahora la decisión real queda en sus manos, si cambiaría los procesos o los mejoraría según su modelo de negocio para aumentar los márgenes de beneficio bruto. Este tipo de decisión depende exclusivamente de usted, pero debe tener en cuenta todos los aspectos, como la pérdida de beneficios que podría sufrir por un cambio de métodos, la pérdida de personal, el ahorro de costes que se observaría, etc.

2. Ingresos, beneficio bruto y beneficio neto antes del impuesto

Siguiendo con el mismo ejemplo anterior, digamos que el beneficio neto antes de impuestos es de 200.000 dólares, mientras que el beneficio bruto fue de 455.000 dólares. Si desglosamos más los gastos de explotación, veremos que los gastos de explotación, que incluyen los gastos administrativos, de marketing y de distribución, cuestan 105.000 dólares. Los gastos no operativos, que incluyen los costes financieros, son solo 150.000 dólares. Teniendo esto en cuenta, podemos ver que los gastos de explotación son solo el 10,5% de los ingresos totales de 1.000.000 de dólares. Esto es prometedor para su empresa porque la mayoría de los gastos de explotación del sector oscilan entre el 10 y el 15% de los ingresos totales. Tanto si se trata de una industria de servicios como de fabricación, los gastos de explotación no pueden ser mucho más bajos que esto, a menos que las operaciones sean pequeñas. Sin embargo, el coste financiero es el 15% de los ingresos totales, lo que es malo porque el coste financiero no debería superar los gastos de explotación.

Si interpretamos toda esta información, se entiende que el coste financiero de la empresa, es decir, que los gastos por intereses no deberían ser tan altos. Significa que la empresa se está financiando mucho para mantenerse a flote. Y no solo eso, si vemos que el año pasado los gastos financieros fueron menores, significa que la empresa contrajo nuevos préstamos. Si observamos los gastos administrativos, como solo representan el 10% de los ingresos brutos, significa que la empresa debería centrarse en mantener este índice. Sin embargo, si estos costes representan más del 20% de los ingresos totales, entonces la única manera de reducirlos es aumentando los ingresos o reduciendo los costes.

Es su decisión si (y cómo) puede mantener la empresa. La mejor manera de reducir los costes de financiación es hacer mayores reembolsos de capital en los préstamos. Los reembolsos del capital de los préstamos hacen que los costes financieros sean menores para la empresa. O la forma alternativa de reducir el coste financiero es utilizar opciones sin intereses, como la inversión en la empresa o la formación de socios comerciales. Su toma de decisiones sobre los gastos de explotación radica únicamente en reducir los costes y aumentar los ingresos a corto plazo.

3. Beneficio neto antes de impuestos y beneficio neto después de impuestos

Como el beneficio neto antes de impuestos es de 200.000 dólares y el beneficio neto después de impuestos es de 120.000 dólares, puede darse cuenta de que la fiscalidad también juega un papel importante en los beneficios. Desde esta perspectiva, los impuestos son solo el 8% de los ingresos totales, pero la comparación real de los impuestos nunca se hace en base a los ingresos totales. Se hace en base a los beneficios netos antes y después de impuestos. La fiscalidad suele aplicarse sobre los beneficios netos antes de impuestos. Si el impuesto es de 80.000 dólares, significa que es el 40% del beneficio neto antes de impuestos. Esto no es bueno; significa que el gobierno o las autoridades fiscales no están considerando la clase del negocio. Los impuestos de las empresas no deberían superar el 20% o el 25% del beneficio neto antes de impuestos.

Una vez que interprete esto, se dará cuenta de que el modelo de negocio tiene que ser aquel en el que los impuestos puedan ahorrarse y en el que los costes de funcionamiento del negocio sean mínimos. A veces, el gobierno facilita la clase empresarial incentivándola con diversas opciones de inversión. Como empresario o emprendedor, hay que buscar lugares donde se puedan ahorrar o reducir los impuestos. Cuando la empresa se queda con más dinero y beneficios, se incentiva a la empresa a trabajar más y a continuar con sus operaciones. Si no es así, obliga a las empresas a funcionar con deudas o préstamos, lo que provoca problemas empresariales aún más importantes.

Sin embargo, si miramos desde esta perspectiva que el beneficio neto después de impuestos es el 12% de los ingresos totales, significa que el negocio tiene un excelente potencial para crecer en el futuro. Pero también significa que, por cada venta de 1 dólar, la empresa gana 0,12 dólares como beneficio.

La decisión de reducir los impuestos vuelve a recaer en usted. Los impuestos pueden reducirse solo si el modelo de negocio está alineado con algo que las autoridades fiscales incentivan. Los incentivos empresariales pueden ayudar a mantener el negocio en marcha y próspero durante unos años, lo que hace que sean beneficiosos para usted, ya que ahorrará más dinero en efectivo y más beneficios al dirigir el negocio. En última instancia, esto le proporcionará un mayor rendimiento, más efectivo, un mejor estado de rentabilidad, más préstamos para un futuro crecimiento operativo, inversiones más significativas y una mayor rotación de activos.

También puede aprovechar los diversos créditos fiscales que su empresa puede recibir por su funcionamiento u otras actividades diversas. Para obtener estos consejos de expertos y otra información, consulte a un asesor fiscal o a un contable, ya que le proporcionarán técnicas y formas actualizadas para que pueda reducir sus gastos fiscales.

Análisis financiero: Comparación con el año anterior

El típico análisis financiero que realizan los directivos y la alta dirección compara los resultados financieros de años anteriores. En este caso, el año o ejercicio anterior es el año base. Todos los aspectos, como los ingresos, el coste de los ingresos, el beneficio bruto, los gastos de explotación, etc., se comparan con los resultados del año reciente. Por ejemplo, si alguna vez se observan los estados financieros de una empresa que cotiza en bolsa, se encontrará con el informe del director para proporcionar estos análisis fundamentales a sus accionistas. Las comparaciones incluyen los resultados financieros de los cinco años anteriores.

También se comparan con el año anterior para ayudar a entender y encontrar las áreas que han dejado de ser efectivas este año. Normalmente, se utilizan para determinar si los costes han aumentado o disminuido de forma desproporcionada con los ingresos. La comparación con el año anterior proporciona otras percepciones. Por ejemplo:

- Los costes incrementales se producen cuando los ingresos aumentan a partir de cierto punto
- El coste de funcionamiento de las operaciones respecto al coste de fabricación del producto o de prestación de los servicios
- El impacto fiscal en los años sucesivos

El análisis complejo: Pérdidas y ganancias junto con el balance

Aunque el balance puede explicarse en la sección introductoria de este capítulo, la comprensión adecuada solo puede lograrse con los resultados. Cuando estos dos extractos funcionan simultáneamente, revelan una imagen totalmente nueva en relación con el rendimiento de la empresa y los futuros asuntos previstos.

Hemos explicado algunos supuestos presentes en el balance a partir del estado de resultados. Por ejemplo, explicamos que el coste de las materias primas podría haberse encarecido, aumentando los costes de venta. Esto también significa que nuestro inventario (que es el activo corriente) también será mayor que el del año anterior. Otro ejemplo es cuando mencionamos que el coste financiero aumentó en ese año. La razón principal podría ser que este año se han tomado nuevos préstamos o que los tipos de interés han aumentado drásticamente. Esto está relacionado con el pasivo corriente y no corriente que los préstamos bancarios no corrientes (que no serán pagaderos en los próximos doce meses) hayan aumentado. O que el pasivo corriente (que será pagadero dentro de los próximos doce meses) tenga un aumento drástico en su importe, que es el gasto de intereses devengado.

Así, hemos mostrado algunos ejemplos de cómo se correlacionan los resultados con el balance cuando se ven juntos. La comparación del balance con el año anterior puede ser útil. Aun así, esta comparación está cubierta casi en un 90% por los estados de flujos de caja, que muestran toda la cantidad real de aumento o disminución. La comparación que intentamos interpretar de ambos estados se refiere a la toma de decisiones operativas.

1. El ratio actual y el ratio rápido: Recuperación del flujo de caja

Los elementos clave, que estarán interrelacionados en el ratio corriente, serán los ingresos, el coste de ventas, las cuentas por cobrar, las existencias, los anticipos, los acreedores comerciales y otras cuentas por pagar. El ratio corriente es esencialmente el activo corriente dividido por el pasivo corriente, mostrando cuánto efectivo se recibirá y cuánto efectivo se pagará a corto plazo. La relación esencial que deben mantener el activo corriente y el pasivo corriente es de 2:1. Esto significa que, por cada 1 dólar de pasivo, debe haber 2 dólares de activos disponibles para pagarlo cuando se reciba el efectivo.

$$\textbf{Current Ratio} \quad = \quad \frac{\text{Current Assets}}{\text{Current Liaibilities}}$$

Lo que se debe mantener en la proporción de:

Activo Corriente (2): Pasivo corriente (1)

El ratio rápido incluye todos los activos corrientes, excluyendo las existencias, divididos por el pasivo corriente. La relación entre ellos puede oscilar entre 1,3 y 1,5 contra 1 dólar de pasivo. Estos valores de ratio se consideran como cantidades óptimas para ser informadas. Sin embargo, hay que explicar el verdadero análisis de estos ratios.

El ciclo del capital circulante ofrece mucha información sobre cuándo se recibirá el efectivo. Dicho de otro modo, todos los activos, como las existencias y las cuentas por cobrar, se convierten en efectivo. El objetivo principal de la empresa es ganar dinero en efectivo, y hacerlo rápidamente. Dado que en la fabricación de las existencias se emplean muchos costes, las cuentas por pagar forman parte del pasivo, que debe pagarse rápidamente.

El ciclo del capital circulante se calcula con el promedio de días de inventario a lo largo de un año, más el tiempo medio que tardan los clientes en pagar. Luego se deduce el número medio de días que tarda en pagar a los proveedores.

Ciclo del capital circulante = Npdi. # número promedio de días de inventario + Npdi. # TM/P − Npdi. # número promedio de días de pago a los proveedores.

El número promedio de días de inventario se calcula cuando dividimos el inventario total por el costo de ventas y luego se multiplica por 365. El número promedio de días que los clientes pagan es cuando dividimos el total de cuentas por cobrar por el total de ingresos y lo multiplicamos por 365 días. El número promedio de días para pagar se calcula cuando dividimos las cuentas por pagar con las compras a crédito y lo multiplicamos por 365.

Supongamos que los valores son 80, 30 y 120, respectivamente, lo que significa que se tarda una media de 120 días en que los clientes paguen, por lo que la empresa pide préstamos para sobrevivir y pagar otros gastos necesarios. Esto hace que el flujo de caja se vea mal, ya que la tesorería de la empresa se resiente, lo que a veces provoca también retrasos en los pagos. Esto aumenta los costes financieros, lo que justifica el aumento de los costes de la empresa en el ejemplo anterior (sección de resumen básico). La empresa mantiene sus existencias durante más tiempo y tarda aún más en recibir los pagos para realizar aún más pagos atrasados a los proveedores.

Este ejemplo muestra claramente que, si la empresa no va bien, debe cerrar sus operaciones porque perderá la confianza de los proveedores; necesita una mejor gestión del inventario, y un *cash sistema de recuperación de efectivo* aún mejor.

Digamos que estos días promedio son 30, 10 y 7. Esto significa que la empresa está pagando los costes antes de recibir el efectivo de los clientes. En promedio, tiene una reserva completa de otros 33 días; claramente, la empresa cuenta con una abundante reserva de efectivo. Puede realizar fácilmente los pagos a los proveedores y mantener suficiente efectivo para mantener las operaciones durante otros tres años. Esto plantea otra cuestión relativa al uso de la tesorería por parte de la empresa. Cuando hay una cantidad abundante de efectivo en caja, la empresa debe invertir una cantidad excesiva. El exceso de efectivo no debe mantenerse en la empresa durante mucho tiempo, ya que no aportará valor. Por lo tanto, la empresa debe invertir la cantidad adicional en diversos instrumentos y otros activos.

A partir de la ilustración anterior, se tiene una idea completa de lo complejo que puede llegar a ser el análisis financiero. Hay más técnicas de análisis financiero, pero pueden llegar a ser complejas; esta comprensión básica es todo lo que necesita por ahora.

Capítulo 10: El cierre de los libros

I En esta sección, repasaremos algunas de las técnicas de cierre del periodo que implican:

- Evento de cierre de libros
- Algunas tareas preliminares a realizar antes del evento de cierre de libros
- Ajuste de las cuentas afectadas
- Eventos posteriores al cierre de libros

¡Empecemos!

Cierre de libros: ¿Qué es y por qué se hace?

El cierre de libros (o "cierre del libro") es cuando todos los eventos de ingresos/ganancias se detienen durante un período, por lo general, al final del año cuando los propietarios desean ver el rendimiento y los asuntos del negocio. Otro caso podría ser cuando se anuncian nuevas regulaciones federales, o se aplica un nuevo presupuesto.

En este momento, los libros se finalizan antes de cerrarse para garantizar que se represente una imagen precisa de la salud financiera de la empresa.

Tareas preliminares cruciales antes de poder cerrar los libros

El cierre de los libros no se produce instantáneamente; algunas cuentas deben prepararse antes del cierre. Por ejemplo, las cuentas de ingresos y gastos son dos áreas importantes que requieren atención antes de ser cerradas y reportadas. Nos centramos más en las cuentas de ingresos y gastos porque estas cuentas tienen ciertos eventos que se repiten a lo largo del tiempo, son fáciles de rastrear y deben ser contabilizados.

Por ejemplo, en los gastos administrativos, uno de los gastos más significativos son los sueldos y las nóminas; todos los pagos deben realizarse antes del cierre. Dado que los salarios se pagan al mes siguiente del periodo trabajado, si este gasto se deja sin documentar, puede alterar las cuentas del siguiente periodo, dando lugar a totales incorrectos.

Otro gasto importante que a menudo se pasa por alto es la depreciación. La depreciación es el valor que su activo perderá con el tiempo debido al uso o a la asignación del importe depreciable a lo largo de la vida útil de los activos no corrientes. A partir de esta breve definición, queda claro que la depreciación debe registrarse al final de cada año, y esta tarea debe completarse antes de cerrar los libros. La depreciación se aplica a diferentes activos no corrientes sobre una base de valoración diferente. Si está utilizando las herramientas digitales para la contabilidad, encontrará subprogramas que detectan y cargan automáticamente la depreciación en los activos no corrientes después de que usted lo apruebe. Normalmente, QuickBooks ofrece una depreciación automática para los activos.

Del mismo modo, algunos ingresos tampoco se registran al final del período o del año. Normalmente se trata de aquellos ingresos relacionados con mercancías vendidas antes del cierre del periodo, pero que se registran como ventas después del mismo. Esta situación es menos frecuente en la práctica diaria, pero hay que recordar que los ingresos, en este caso, deben registrarse antes del cierre del período o del año.

Los gastos financieros y los impuestos también deben calcularse antes de cerrar los libros. En la práctica, los impuestos se calculan a partir del cierre de los libros, mientras que los gastos financieros se registran y contabilizan antes del cierre de los libros. Los impuestos se calculan más tarde debido a los cambios pendientes en las cuentas del informe, que afectan a los totales de impuestos de diferentes maneras. El coste financiero siempre se registra como un pago a la institución financiera, pero nunca se devenga al final del ejercicio. Por lo tanto, el cálculo del coste financiero devengado es crucial para asegurar que toda la información está en línea para que las instituciones financieras puedan conciliar los intereses que recibieron como ingresos.

7 pasos para el cierre de libros

Como se ha mencionado anteriormente, las cuentas de ingresos y gastos son las que más se ven afectadas durante el cierre contable. Durante este momento, se siguen siete pasos en la misma secuencia descrita.

1. Consignar todos los asientos

El primer paso antes de cerrar los libros de cuentas es consignar los asientos. En este momento, es posible que haya pasado por el proceso preliminar de identificar qué partidas de las cuentas quedan sin ajustar. El primer paso es consignar todos los asientos, especialmente los comentados anteriormente, en el proceso de tareas preliminares.

Una vez pasados los asientos al sistema, este se asegurará automáticamente de que todos los asientos han sido contabilizados para este evento en particular. Asegúrese de consignar también los asientos para cualquier estimación significativa. Una estimación significativa incluye cualquier provisión para deudas incobrables o provisión de un evento que haya ocurrido después de la fecha del informe (esto es solo a modo de referencia para ser utilizado en la próxima serie de libros).

2. Cierre todas las cuentas de ingresos y gastos dentro del balance de resultados

En primer lugar, deberá abrir una nueva cuenta, que se denominará cuenta de pérdidas y ganancias. En segundo lugar, transfiera todos los saldos de las cuentas de ingresos y gastos a la cuenta de pérdidas y ganancias. Esta cuenta de pérdidas y ganancias compensará los saldos de las cuentas de ingresos y gastos y los cerrará en la cuenta del balance de resultados. En tercer lugar, asegúrese de que no queda ningún saldo en ninguna cuenta de ingresos o de gastos. Esto incluye los asientos pasados (**¿contabilizados?**) durante el proceso o los devengos registrados para ajustar los saldos.

En esta fase, puede preparar un balance de comprobación y hacer que todos los saldos se modifiquen en el balance de comprobación. Un mejor enfoque sería limpiar todos los saldos de las cuentas de ingresos y gastos y luego hacer un balance de prueba. Esto hará que la cuenta de prueba sea sencilla de entender, y podrá ver si se han contabilizado todos los ingresos y los gastos.

3. Cierre los saldos del resto de los libros contables

Ahora es esencial que también cierre todos los saldos de los demás libros de contabilidad. Para ello, no necesitará ninguna cuenta adicional. Los libros contables que quedan después de cerrar las cuentas de ingresos y gastos serían el activo, el pasivo, el capital y los giros. Estas cuentas no se cerrarán durante el año, sino que sus saldos continuarán en el siguiente período o año. Por eso, todos los elementos del balance, como el activo, el pasivo y el patrimonio neto, tienen un saldo inicial. No ocurre lo mismo con la partida de resultados, ya que pasa a formar parte de otra conocida como *cuenta de resultados no asignada*.

Una vez cerrados todos los libros de cuentas restantes, sus saldos están listos para ser trasladados al balance de comprobación. Esto significa que se han realizado todos los asientos necesarios en estos libros, y después de restar la parte del debe de la parte del haber de cada libro, se dispone de un saldo final de cierre para ser trasladado al balance de comprobación.

4. Preparar un balance de sumas y saldos sin ajustar

Un balance de comprobación es un estado que muestra todos los saldos finales de cada cuenta del libro mayor. Después de combinar él debe y el haber de cada libro mayor, el balance de comprobación resultante queda equilibrado. La suma de todas las cuentas del lado del débito pasa a ser igual al lado del crédito de las cuentas. El balance de sumas y saldos funciona también como base de la ecuación contable y como fundamento del balance o estado de situación financiera.

Un balance de sumas y saldos sin ajustar es aquel en el que aún no se han contabilizado los asientos del diario. Incluye los ajustes que deben realizar los auditores. En las empresas, el balance de sumas y saldos se deja sin ajustar para los ajustes de los auditores, ya que el auditor aprobará algunas entradas para asegurarse de que las cuentas representan una imagen fiel. Así, el balance de comprobación se considera un balance de comprobación no ajustado porque algunas transacciones se dejan pendientes para su finalización posterior.

Una vez tomados los saldos de cierre de las cuentas del libro mayor, se pasan al balance de sumas y saldos, donde se comprueban los errores de omisión, transposición, principio y otros. Estos errores se explicarán más adelante.

5. Incluir los asientos de ajuste

El siguiente paso es incluir todos los asientos de ajuste. Estos asientos incluirán los asientos que el auditor pueda encontrar o cualquier otro asiento que se haya omitido al cerrar los libros.

El área concreta a la que se dirigen los asientos de ajuste son los asientos posteriores al cierre de los libros, que se refieren a hechos posteriores. Los hechos posteriores son aquellos que se producen después de la fecha de cierre, pero que se relacionan con el año sobre el que se informa. En estos casos, hay que valorar si el suceso debe revelarse o contabilizarse en los estados financieros. A veces aparecen sucesos de este tipo; por ejemplo, usted está cerrando sus libros el 31 de diciembre de 2xxx, y se da cuenta después de cerrar sus libros de que la mayoría de las acciones en las que invirtió valen ¾ de lo que invirtió inicialmente, lo que significa que sufrió una pérdida. Ahora debe revelar esta información en sus estados financieros en lugar de contabilizarla porque todavía no ha vendido estas inversiones y espera mantenerlas durante un tiempo más.

La mayoría de las veces, los asientos de ajuste podrían ser depreciación, deterioro de activos, revalorización de activos, valoración del mercado de valores o propiedades mantenidas como inversiones, etc. Aparte de la depreciación, todos estos nuevos términos contables pueden parecer sorprendentes, pero no se preocupe, estas cosas se explicarán más adelante.

6. Preparar el balance de sumas y saldos ajustado

Una vez más, hay que hacer el balance de sumas y saldos, pero en este paso hay que pasar todos los asientos de ajuste en el balance de sumas y saldos sin ajustar, lo que dará lugar a un balance de sumas y saldos ajustado. El balance de comprobación ajustado no significa que sea el balance de comprobación final, ya que solo contiene los asientos de ajuste. Puede haber otros asientos, que se registrarán antes de que se cierren las cuentas.

La fecha de cierre contable y la fecha de presentación de los estados financieros son dos fechas diferentes. El cierre contable suele producirse en el plazo de un mes tras la fecha de cierre del periodo. En cambio, los propietarios de la empresa deciden la fecha de presentación de las cuentas de gestión (si alguien más prepara las cuentas de su empresa).

7. Elaborar los estados financieros

El último paso es preparar los estados financieros, que se han explicado en los capítulos anteriores. Estos estados incluirán los estados de resultados, el balance, el estado de flujo de caja y los cambios en el patrimonio de los propietarios.

Utilizar herramientas de contabilidad digital para cerrar los libros

Todos los pasos mencionados anteriormente se hicieron para mostrarle cómo se cierran las cuentas manualmente de forma clara. Con las herramientas de software de contabilidad digital, todo esto es posible con solo un clic sobre un botón. Casi todos los programas de contabilidad tienen una función incorporada para cerrar los libros. A veces, los programas de software generan automáticamente informes sin cerrar los libros, mientras que otras veces cierran un rango concreto mientras generan los informes.

Todos los programas de contabilidad tienen un asistente de cambio de período o de cierre de período que realiza el cierre de libros por sí mismo. Sin embargo, el software no cierra todos los aspectos de las cuentas porque no puede detectar eventos ocurridos no registrados. Por lo tanto, pasar los asientos y preparar el balance de comprobación ajustado será una tarea que usted deberá realizar; de lo contrario, el software cerrará el período y cerrará todos los saldos de ingresos y gastos en el patrimonio de los propietarios. Una vez hecho esto, resulta casi imposible volver a abrir y registrar el asiento de ajuste más adelante.

Por lo tanto, debe preparar una lista de los asientos de ajuste que quedan sin registrar o que podrían necesitar modificaciones. De este modo, podrá solucionar todas las cuestiones o problemas más adelante cuando concilie todo el trabajo al final.

Capítulo 11: Presupuesto de la pequeña empresa

En este capítulo, hablaremos de los fundamentos de la elaboración de presupuestos. Junto con eso, también discutiremos:

- Los secretos de un negocio exitoso
- Las poderosas herramientas para la elaboración de presupuestos
- El punto de vista de los expertos sobre cómo realizar un presupuesto

La elaboración de presupuestos: Los secretos de un negocio exitoso

La mayoría de las personas planifican lo que van a hacer en la vida. Algunas incluso han elaborado y creado un calendario para los objetivos definidos que quieren alcanzar. El cumplimiento de los objetivos depende de la motivación de cada uno para lograr mucho más en el tiempo disponible. Nuestras vidas están llenas de ejemplos en los que planificamos y ejecutamos decisiones. En cierto modo, todos intentamos planificar, organizar y trabajar en cosas que queremos conseguir.

La elaboración de un presupuesto es una combinación de múltiples elementos que implican:

- Planificar sus objetivos y orientar el tiempo necesario
- La organización de su calendario para acomodar los pasos necesarios a fin de alcanzar sus objetivos
- Disponer y asignar los recursos necesarios para garantizar que se puedan alcanzar los objetivos
- Estimar qué porcentaje del objetivo se ha alcanzado

En los estudios de gestión, la elaboración de presupuestos desempeña un papel fundamental para comprender el potencial de crecimiento de la empresa. Los presupuestos funcionan como fertilizantes para el crecimiento de la empresa porque la disposición del presupuesto puede definir la eficacia y la eficiencia con que se alcanzan los objetivos y, en última instancia, la meta.

Estas estimaciones y presupuestos no pueden ser creados por una sola persona, especialmente si se trata de una entidad grande. La participación de varias personas de diferentes operaciones crea un punto de vista diversificado en cuanto a la consecución de objetivos. Veamos los pasos que implica la creación de un presupuesto.

1. Análisis DAFO o análisis de mercado

Antes de elaborar los presupuestos se realizan diferentes tipos de análisis de mercado sobre las principales actividades de la empresa. Estos análisis tienen objetivos específicos.

a. Comprender el mercado

Para comprender la demanda del mercado en relación con el producto es necesario hacer una estimación previa. Esta investigación puede ser difícil debido a la necesidad de recopilar datos, que incluyen:

- Determinar en qué zonas geográficas se venden los productos

• Determinar el número total de ventas de un tipo de producto similar que se suministra en todo el mercado

• Determinar la demanda total del mercado presente a lo largo del año

• Conocer los incrementos estacionales de la demanda dentro de un año

• Descubrir, por regla general, qué producto prefiere la gente y por qué

¡Esto requiere un gran esfuerzo y no será fácil!

b. Analizar las oportunidades

Una vez recogidos los datos relativos al mercado, hay que cumplir el siguiente objetivo: analizar las oportunidades. Esta tarea está dirigida explícitamente a comprender las áreas débiles o las cualidades que aún no se han introducido en el mercado.

c. Las posibles amenazas que pueden obstaculizar el crecimiento

Una vez comprendidas las oportunidades, es fundamental entender qué áreas de la empresa están expuestas a las amenazas; hay que analizar todos los competidores presentes en el mercado y qué cuota de mercado tienen actualmente.

Una vez cumplidos estos objetivos, el análisis DAFO (Análisis de Fortalezas, Oportunidades, Debilidades y Amenazas) puede considerarse como un todo respecto a cómo la empresa puede aumentar sus ingresos totales en el próximo año. Todo este análisis establece la base para decidir:

• El objetivo de aumento porcentual de los ingresos totales para el próximo año

• El límite de ingresos totales que la empresa puede alcanzar en el próximo año

• Los costes en los que se debe incurrir para el objetivo anterior

- El precio de venta óptimo por unidad establecido para el próximo año

2. El análisis de los procedimientos internos

Aunque el análisis DAFO requiere que se conozcan los puntos fuertes y débiles de la empresa, la realidad de si esto se puede conseguir o no se ve a través del análisis de procedimientos internos. Esto suele implicar la cantidad de demanda que se puede satisfacer con el objetivo de ventas actual. En palabras más sencillas: ¿cuántas unidades se pueden fabricar? Esto implica un amplio conocimiento de qué tipo de procedimientos ayudarían a alcanzar este objetivo, los costes adicionales que hay que soportar para conseguirlo y el cambio de métodos para garantizar la optimización de los costes.

Esto, a su vez, produce respuestas relativas a:

- El número de unidades que pueden producirse a finales del próximo año
- Los límites de unidades de producción para el próximo año
- Los costes adicionales o incrementales para alcanzar el nuevo límite de producción del año siguiente
- Cómo se pueden mantener optimizados los costes mientras se alcanza un límite de suministro equilibrado

3. Las proyecciones de caja

Otro elemento crucial de la presupuestación en la empresa es la previsión del flujo de caja. Con ella, tanto el departamento de contabilidad como el de cobros deciden cómo se puede agilizar y optimizar la recuperación de fondos. No solo eso, sino que también planifican la cantidad de efectivo que recibirán de los clientes y el tiempo que tardarán en pagar a sus proveedores. Estas previsiones ayudan al departamento financiero a entender en qué se puede gastar el efectivo de forma óptima, a la vez que le permiten buscar áreas en las que se pueden recortar los costes innecesarios.

Esto también implica el coste adicional o la maquinaria que el departamento de producción puede necesitar para garantizar que el límite de producción se cumpla de forma óptima. Para ello, la previsión de tesorería implica también los préstamos bancarios o de otro tipo que se utilizarán para satisfacer la demanda de tesorería, garantizando al mismo tiempo que los costes asociados a dicha financiación sean mínimos u óptimos.

4. Recopilar todos los elementos para el presupuesto

Una vez realizados estos análisis, se establecen los presupuestos para reflejar el aumento de los beneficios del próximo año. Los informes recibidos de cada tipo de análisis permiten ahora determinar los niveles en los que se optimizarán los costes, al tiempo que se garantizan mayores beneficios en el próximo año. El presupuesto incluye una previsión completa para el próximo año en relación con cada aspecto de la empresa, lo que permite a las partes interesadas comprender cómo se pueden alcanzar (y se alcanzarán) los objetivos del próximo año.

Este proceso creará/generará los estados financieros que incluyen el estado de resultados presupuestado, el estado de situación financiera presupuestado, los estados de flujo de caja presupuestados y el estado de cambios en el patrimonio neto presupuestado. Estos estados financieros serán la forma final, que se presentará como conclusión de todos los informes.

Una vez finalizados los informes y estados financieros, cada departamento o persona recibe una nueva serie de objetivos que debe alcanzar. También se les da el presupuesto asignado a sus jefes para el año siguiente.

Como empresario, tendrá que evaluar su presupuesto. Este presupuesto es siempre una estimación, una simple previsión, que indica cómo va a funcionar la empresa en los próximos tiempos. El protagonista de todo este proceso es el propietario, que debe hacer todo lo posible para garantizar que se cumplan los objetivos cada mes o cada trimestre de todo el año.

Potentes herramientas para la elaboración de presupuestos

Algunas potentes herramientas de contabilidad digital realizan amplios informes presupuestarios basados en la información y las transacciones disponibles para el año en curso. El SAAP y otros programas de PRE (planificación de recursos empresariales o ERP por sus siglas en inglés) proporcionan proyecciones sobre el crecimiento que la empresa alcanzará en los próximos meses. Sin embargo, una limitación de este tipo de herramientas es que no pueden proporcionar oportunidades realistas que puedan ser utilizadas por la empresa.

Estas herramientas solo pueden recopilar la información o los datos que se les facilitan, pero no pueden crear informes fuera de los límites, los cuales pueden ayudarle a analizar el estado del mercado. Es posible que quiera ahorrar costes y prefiera no utilizar herramientas tan caras. Puede utilizar plantillas y otras formas de presupuestos que le proporcionará su software de contabilidad. Todo este proceso se ha explicado brevemente para que pueda realizar un pequeño nivel de investigación y elaborar presupuestos útiles (y realistas) para el futuro.

Una recomendación justa es que, si tiene una pequeña empresa con operaciones más pequeñas, como solo una o dos oficinas, utilice las plantillas preconstruidas de Microsoft office o las plantillas presentes en su software de contabilidad digital. Pueden ayudarle a crear un presupuesto valioso pero pequeño para su negocio. Sin embargo, si tiene que elaborar un presupuesto mucho más extenso, consulte un libro más avanzado o consulte a un contable para que le ayude a diseñar el presupuesto perfecto y las previsiones de tesorería para su empresa.

La opinión de los expertos sobre los presupuestos

Muchos expertos creen que los presupuestos son la única razón por la que una empresa puede sobrevivir en el mercado. Sin la voluntad o la motivación para un crecimiento futuro, el futuro puede parecer poco prometedor. El consejo que dan todos los expertos contables es que los presupuestos definen la propia organización. También definen si la dirección o los propietarios se toman en serio el crecimiento de la empresa.

Dicho esto, hay muchas cosas que afectan al éxito de cualquier empresa; ¡los presupuestos son, sin duda, un factor esencial en términos de crecimiento futuro!

Capítulo 12: Tres errores de contabilidad en las pequeñas empresas que hay que evitar

En este capítulo, explicaremos algunos de los escollos comunes a los que se enfrentan las pequeñas empresas. Entre ellos se encuentran los tres errores más importantes.

1. Pérdida de recibos

Uno de los mayores y más comunes errores de las pequeñas empresas es la pérdida de recibos. Algunos propietarios de negocios se olvidan de las facturas y los recibos que han recibido porque están demasiado ocupados gestionando otros aspectos de su trabajo, asegurándose de que las operaciones diarias van bien.

La mejor manera de gestionar este problema es contar con una aplicación online que tome imágenes de las facturas y los recibos. Además, estas apps le recuerdan cuando tiene un gasto en el sistema del que no hay ninguna imagen de algún recibo.

2. Control deficiente de los gastos

Otro de los principales problemas a los que se enfrentan los empresarios es no llevar un registro de efectivo adecuado. El efectivo se recibe y se gasta con regularidad, y rara vez hay tiempo para registrar de dónde viene y a dónde va.

La mejor manera de gestionar esto es hacer comprobantes de caja cada vez que alguien tome físicamente el efectivo; esto proporciona al menos un registro temporal para ayudar a conciliar la cuenta más tarde.

3. Falta de control sobre las cuentas por cobrar y por pagar

Otro problema es la falta de registros de las cuentas por cobrar y por pagar. El problema nunca está en las cuentas por pagar (la otra parte, en algún momento, recibirá su dinero), sino más bien, radica cuando alguien le debe dinero, y no hay registro de la solicitud de pago.

La mejor manera de abordar este problema es mantener un registro constante de las cuentas por cobrar y por pagar, asegurando que su flujo de caja no se vea perturbado en ningún momento.

Conclusión

Este libro no ha limitado su alcance a las ideas fundamentales de la contabilidad; hemos proporcionado las diversas formas en que puede utilizar fácilmente las herramientas y el software de contabilidad digital para gestionar sus registros y transacciones financieras.

Hemos mostrado cómo puede utilizar los diversos trucos de contabilidad, las técnicas de gestión y los métodos semi avanzados para que las operaciones de su negocio funcionen de forma constante y eficaz. Incluso como principiante, puede crear sus presupuestos y analizar sus cuentas para obtener una imagen clara de los resultados de su empresa, y de cómo cualquier inversor o contable vería sus actividades comerciales.

El libro está dirigido principalmente a empresarios y otros propietarios de pequeñas empresas que tienen problemas para entender los elementos cruciales de las cuentas, que terceros como bancos, instituciones financieras e inversores examinan en profundidad. No solo eso, sino que también hemos demostrado que su trabajo operativo, como las nóminas, los impuestos y otras actividades, puede gestionarse fácilmente con software y herramientas digitales.

¡Esperamos que este libro le haya resultado útil a la hora de considerar las mejores formas de contabilizar los ingresos y los gastos de su empresa!

Vea más libros escritos por Robert McCarthy

Apéndice: Glosario de contabilidad

¿Cuántas veces ha colgado el teléfono o salido de una reunión con su contable más confundido que antes? La mayor parte de las veces se debe a que no entiende los términos contables, por lo que a continuación encontrará una lista de los términos más comunes, las abreviaturas correspondientes y las definiciones.

Términos del balance

Los balances son la parte más importante del conjunto, el más común de los estados financieros que elabora un contable. En esta sección se definen los términos más comunes relacionados con el balance.

Cuentas por pagar (CPP) - Las cuentas por pagar incluyen todos los gastos del negocio incurridos, pero no pagados. Las cuentas de CPP siempre se registran en el balance como un pasivo, ya que es una deuda que tiene la empresa.

Cuentas por cobrar (CPC) – Las cuentas por cobrar cubren todas las ventas realizadas por una empresa que aún no han sido pagadas. La cuenta de deudores se registra siempre en el balance como un activo susceptible de convertirse en efectivo en breve.

Gastos devengados (GD) – Se trata de un gasto en el que se ha incurrido, pero que aún no se ha pagado.

Activo (A) – Un activo es cualquier cosa de valor monetario que posea la empresa. Normalmente, se enumeran por orden de liquidez, empezando por el más líquido, que es el efectivo, y terminando por el menos líquido, como los terrenos.

Balance de situación (BDS) – Se trata de un estado financiero en el que se enumeran todos los activos, pasivos y fondos propios de la empresa. Su nombre sugiere que sigue la ecuación: Activo = Pasivo + Patrimonio.

Valor contable (VC) – Todos los activos pierden valor con el tiempo, lo que se denomina depreciación. El valor contable indica el valor original menos la depreciación acumulada a lo largo del tiempo.

Patrimonio (Pat) – El patrimonio es el valor que queda después de eliminar el pasivo. Volviendo a la ecuación del balance de Activo + Pasivo + Patrimonio, si se resta el pasivo del activo, el resto es el patrimonio neto. Es la parte de la empresa que pertenece a los propietarios e inversores.

Inventario (Inv) – Este término se utiliza para clasificar los activos adquiridos por una empresa para venderlos a los clientes, pero que permanecen sin venderse. La cuenta de existencias disminuye cada vez que se vende un activo a un cliente.

Pasivo (Pas) – Todas las deudas que posee una empresa y que aún no han sido pagadas son pasivos. Los pasivos más comunes son los préstamos, las nóminas y las cuentas por pagar.

Términos del estado de resultados

El segundo estado financiero más común es el estado de resultados, más conocido como estado de pérdidas y ganancias. Estos son los términos más comunes que se relacionan con él:

Capital (CAP) – Es un activo (financiero) o su valor, por ejemplo, el efectivo. Para calcular el capital circulante, se resta el pasivo circulante del activo circulante, lo que proporciona los activos o el efectivo con los que cuenta la empresa.

Coste de los bienes vendidos (CDLBV) – Son los gastos relacionados directamente con la creación de un servicio o producto, pero lo que no encontrará aquí son los costes de funcionamiento de la empresa. Algunos ejemplos comunes son la mano de obra directa o los materiales para proporcionar bienes o servicios.

Depreciación (Dep) – Es el término utilizado para contabilizar la pérdida de valor de un activo a lo largo de un periodo. La depreciación solo puede justificarse en activos con valores sustanciales, y los activos más comunes son los equipos y los vehículos. La depreciación aparece como un gasto en la cuenta de resultados, normalmente en la categoría de gastos no monetarios. Esto se debe a que no tiene un impacto directo en la liquidez de la empresa.

Gastos/Coste (Gtos) – Los gastos son las tasas en las que incurre una empresa y se dividen en costes variables, fijos, operativos o devengados por una operación empresarial:

- **Gastos variables (GV) –** Gastos como la mano de obra, o cualquier gasto que pueda cambiar dentro de un período determinado.

- **Gastos fijos (GF) –** Pagos, como el alquiler, que se abonan con regularidad.

- **Gastos Operacionales (GO) –** Gastos de la empresa que no están directamente relacionados con la producción de servicios o bienes, como la publicidad, los seguros, los impuestos sobre la propiedad, etc.

- **Gastos devengados (GD) –** Gastos incurridos y aún no pagados.

Margen bruto (MB) – El margen bruto se calcula dividiendo el beneficio bruto entre los ingresos. Muestra la rentabilidad, o no, de una empresa una vez deducido el coste de los bienes vendidos.

Beneficio bruto (BB) - Esta cifra indica si una empresa es rentable antes de tener en cuenta los gastos generales. El BB se calcula deduciendo el coste de las mercancías vendidas de los ingresos.

Estado de resultados (Pérdidas y Ganancias – ER o EPYG) – A menudo llamado estado de pérdidas y ganancias o estado de resultados, es un estado financiero que muestra los gastos, los ingresos y los beneficios a lo largo de un período. Los ingresos obtenidos aparecen en la parte superior y se deducen los gastos, la cifra final es el beneficio neto.

Ingresos netos (IN) – Es la cantidad de beneficios obtenidos, calculada restando todos los gastos de los ingresos de cada periodo. Esto incluye el CDLBV, los impuestos, la depreciación y los gastos generales.

Margen neto (MN) – Este porcentaje muestra el beneficio de una empresa en relación con los ingresos. El cálculo se realiza dividiendo los ingresos netos entre los ingresos del periodo específico.

Ingresos (Ventas o Ing) – Todo el dinero que gana una empresa.

Términos generales

Por último, están los términos que no tienen relación con ningún estado de cuenta específico, los términos contables generales.

401k/ROTH 401K – Se trata de un tipo de ahorro en el que los empleados pueden depositar parte de su salario en una cuenta de jubilación basada en la inversión. El dinero suele estar libre de impuestos hasta que se retira, pero los empleados pueden seguir contribuyendo a su 401K después de los impuestos. Algunas empresas también pueden igualar las aportaciones de sus empleados, pero solo hasta un porcentaje determinado.

Periodo contable – Se trata de la designación de cada estado financiero, incluidos los estados de resultados, el estado de flujos de caja y el balance. El período indica el momento en que se informa de cada estado.

Ecuación contable – La contabilidad por partida doble utiliza la ecuación contable de Activos = Pasivos + Patrimonio neto o una versión más larga de la misma: Activos + Gastos = Pasivos + Patrimonio neto + Ingresos.

Contabilidad de devengo – Este método de contabilidad consiste en registrar los ingresos y los gastos a medida que se producen, y no en el momento en que se pagan. Por ejemplo, Sam compra un libro en noviembre, pero no paga la factura hasta diciembre. Las compras aparecen en el estado de resultados de la contabilidad conforme se realizaron en noviembre, no en diciembre, cuando se pagó la factura.

Asignación – Describe cómo se asignan los fondos a cada período o cuenta. Por ejemplo, los costes pueden asignarse a varios meses, como los pagos de seguros, o a varios departamentos, como los costes de administración de empresas con varios departamentos.

Entidad empresarial – A menudo denominada entidad jurídica, indica el tipo o la estructura de una empresa. Algunas de las entidades más comunes incluyen la sociedad, el propietario único, S.R.L (Sociedad de responsabilidad limitada). C-Corp, y S-Corp. Cada entidad viene con su propio conjunto de implicaciones fiscales, leyes y requisitos.

Contabilidad de caja – Este método de contabilidad registra los ingresos y los gastos en el momento en que se pagan, no en el momento en que se producen. Por ejemplo, Sam compra su libro en noviembre y paga la factura en enero. La cuenta de resultados mostrará la compra como realizada en diciembre, cuando se pagó.

Libro de caja – Es el libro donde se registran los fondos que entran y salen de la empresa a través de la cuenta bancaria de la misma. Cada transacción en el libro de caja debe mostrar la siguiente información:

- Fecha de la transacción
- Importe de la transacción
- Descripción
- Las cuentas contables pertinentes

Flujo de caja (FC) – Es el término utilizado para describir el flujo de entrada y salida de efectivo de una empresa. El flujo de caja neto se determina restando el saldo de caja final del saldo de caja inicial. Si es un número positivo, muestra que ha entrado más efectivo en la empresa que el que ha salido, mientras que, si es un número negativo, indica que ha salido más efectivo del que ha entrado.

Contra – Cuando se hace un pago a una cuenta en el sistema de contabilidad, y el mismo pago se hace de vuelta de la cuenta, se conoce como un contra. Esto significa que se anulan mutuamente, por ejemplo, 300 dólares pagados a la cuenta de ventas, pero el contable se da cuenta de que debería haber sido pagado a una cuenta diferente y lo paga de nuevo. Así, los dos pagos se anulan mutuamente.

Saldos de conversión – Cuando los registros contables se transfieren entre dos programas de contabilidad diferentes, se conoce como conversión. El saldo final se toma del programa original y se introduce como saldo inicial del nuevo programa.

Contable público certificado (CPC) – Es una designación profesional que obtiene un contable tras aprobar un examen de CPC. También deben cumplir una serie de requisitos de experiencia laboral y educación; estos son diferentes en cada estado.

Crédito – Los créditos aparecen en el lado derecho del método de contabilidad por partida doble. Los asientos de crédito disminuyen los gastos y los activos e incrementan el patrimonio, los pasivos y los ingresos. Todo el dinero que la empresa debe a los vendedores o proveedores se muestra como un crédito, junto con el dinero que se debe en tarjetas de crédito o préstamos bancarios.

Asiento de crédito (AC) – Asiento de crédito.

Débito – Los débitos aparecen en el lado izquierdo del libro de contabilidad por partida doble. Un débito aumenta los gastos y los activos y disminuye el patrimonio, los pasivos y los ingresos.

Asiento de débito (AD) – Asiento de débito

Deducible – Es una compra que una empresa puede reclamar como gasto empresarial porque reduce el beneficio. A su vez, reduce el impuesto sobre la renta que la empresa debe al gobierno. Las compras no deducibles son aquellas que no pueden reducir el impuesto y el beneficio, es decir, cuando el propietario de la empresa compra artículos personales con fondos de la empresa.

Diversificación – Se trata de un método común utilizado para reducir el riesgo mediante la asignación de capital entre varios activos, asegurando que el rendimiento de uno de ellos no afecte al rendimiento total.

Doble partida – Se trata de un método contable en el que cada transacción se introduce dos veces, como crédito y como débito. El total de débitos debe ser igual al total de créditos; si no es así, no está equilibrado, y el error debe ser encontrado y corregido.

Giros – Cualquier dinero que el propietario de la empresa retire de la misma para su uso personal.

Agente inscrito (AI) – Se trata de una designación profesional que se asigna a quienes han superado pruebas de pericia personal y empresarial. Por lo general, completan las declaraciones de impuestos de las empresas para garantizar el cumplimiento de la ley del impuesto sobre la renta.

Estados financieros – Son informes que el contable elabora cuando termina el ejercicio económico. Se basan en los datos financieros que el contable ha introducido en el sistema y muestran si la empresa está obteniendo beneficios o no. También muestran el valor de la empresa y se utilizan para calcular los impuestos que se deben pagar al gobierno, es decir, el impuesto sobre la renta.

Coste fijo (CF) – Es un coste que no cambia cuando varía el volumen de ventas. Un ejemplo de esto son los salarios o el alquiler, que no cambian cuando una empresa vende más o menos. Un coste variable es lo contrario.

Libro Mayor (LM) – Muestra todo el registro de las transacciones financieras de una empresa. Suele utilizarse para ayudar a preparar los estados financieros.

Principios de contabilidad generalmente aceptados (PCGA) – Son las normas que todos los contables deben cumplir al llevar cualquier contabilidad. Las reglas se establecieron para garantizar una fácil comparación de "manzanas con manzanas" al revisar las cuentas financieras de sus clientes.

Cuenta de jubilación individual (IRA o Roth IRA) – Son ahorros para la jubilación. Las IRA tradicionales permiten a un individuo colocar dólares antes de impuestos en inversiones que pueden crecer "con impuestos diferidos". Esto significa que los ingresos por dividendos o las ganancias de capital no se gravan hasta que se retira el dinero. En la mayoría de los casos, también es deducible de impuestos. Una cuenta Roth IRA no lo es, pero algunas distribuciones están libres de impuestos y no tributan cuando se retiran.

Insolvencia – La definición de insolvencia es "un estado en el que un individuo u organización no puede cumplir con sus obligaciones financieras con los prestamistas cuando los pagos vencen".

Intereses – Es lo que una empresa paga por una línea de crédito, préstamo o hipoteca, por encima de la devolución del saldo principal.

Asiento/Partida/Registro (As) – Es la forma en que se realizan los cambios y actualizaciones en los libros. Cada entrada debe tener su identificación, la fecha, un importe, un débito/crédito y un código que muestre qué cuenta se ha modificado.

Sociedad de Responsabilidad Limitada (SRL) – Se trata de una estructura corporativa en la que cada miembro no puede ser considerado personalmente responsable de los pasivos o deudas que tenga la empresa. Esto protege a los propietarios de perderlo todo si la empresa fuera demandada.

Liquidez – Es un término que hace referencia a la rapidez con la que un activo puede convertirse en efectivo. Las acciones tienen más liquidez que los edificios porque se pueden vender mucho más rápido.

Importancia – Este término se utiliza para referirse a si las decisiones se ven influidas por la información. Por ejemplo, si una empresa tiene millones de dólares en ingresos, un par de dólares no es importante. Los PCGA dictan que se revelen todas las consideraciones importantes.

A crédito/en cuenta – Cuando una compra se realiza en estos términos, indica que el pago se hará más tarde, pero el cliente se lleva el producto directamente.

Gastos generales – Son los gastos relacionados con el negocio, pero solo para el funcionamiento de la empresa; no incluyen los gastos relacionados con la fabricación de un producto o la prestación de un servicio, pero sí los salarios y el alquiler.

Nómina – Esta cuenta muestra todos los pagos realizados a los empleados en forma de sueldos o salarios, bonificaciones y cualquier deducción. Se muestra como un pasivo en el balance si hay salarios no pagados o pagos de vacaciones que se han acumulado.

PAYE – El plan de pago según sus ingresos, o PAYE (según sus siglas en inglés), es cuando las personas que ganan un salario o un sueldo tienen impuestos deducidos por su empleador. Esta deducción debe ser transferida por el empleador al gobierno, por lo general mensualmente.

Caja chica – La mayoría de las empresas mantienen una cantidad de dinero en efectivo en sus instalaciones para pequeñas compras, como sellos, papelería, etc. Se guarda en un lugar seguro y el contable debe supervisarlo cuidadosamente. El libro de caja chica contiene registros de todo el dinero pagado, y esto se incluye en las cuentas. Cuando el dinero se agota, se puede suministrar más dinero para completarlo.

Valor actual (VA) – Este término indica el valor que tiene un activo en un día determinado. Se basa en una teoría que dice que algo es más valioso hoy que mañana debido a la inflación.

Recibos – Es un documento que demuestra que se ha pagado por algo. Las empresas producen recibos cuando prestan un servicio o un producto y reciben recibos cuando pagan por un servicio o por los bienes de otras empresas. Los recibos recibidos deben guardarse siempre para que la empresa pueda demostrar la exactitud de los gastos realizados.

Conciliar - Se trata de un proceso en el que un conjunto de documentos o cifras debe cotejarse con otro. Por ejemplo, el libro de caja debe cotejarse con la cuenta bancaria, y cualquier diferencia debe investigarse y arreglarse. Otro ejemplo es asegurarse de que se han recibido todas las facturas que aparecen en el extracto de un proveedor y solicitar las que faltan.

Retorno de la inversión (ROI) – Este término se refiere al beneficio (rendimiento) que una empresa ha obtenido de sus inversiones. Hoy en día, es un poco más flojo e incluye el rendimiento de otros objetivos y proyectos. Por ejemplo, una empresa gastó 1500 dólares en marketing y recibió 3000 dólares de beneficio. El ROI de lo gastado en marketing podría ser del 50%.

Partida única – Este método de contabilidad consiste en introducir las transacciones financieras una sola vez, normalmente en un sistema de libro de caja. Los libros de contabilidad y los diarios no se utilizan para el proceso de balance.

Balance de comprobación (BDC) – El balance de comprobación enumera todas las cuentas del libro mayor y sus saldos, ya sean de crédito o de débito. El total de débitos debe ser igual al total de créditos, por lo que se denomina balance.

Coste Variable (CV) – Los costes variables cambian a medida que
varía el volumen de ventas, y son opuestos a los costes fijos.
Aumentan a medida que aumentan las ventas porque son gastos
relacionados con la realización de una venta. Por ejemplo, una
empresa vende muchos productos y necesita comprar más materias
primas para satisfacer la demanda.

Cancelación– Si un cliente no paga una cantidad adeudada, a veces
puede cancelarse. Esto implica un asiento en la contabilidad para
poner la cuenta del cliente en cero.

Fin de año – Indica el final del año financiero y es uno de los
momentos más ajetreados del año para un contable. Hay que finalizar
todas las cuentas anuales y entregarlas al contable para que determine
los impuestos que hay que pagar.

Estos son los términos más comunes relacionados con la contabilidad,
aquellos con los que es más probable que se encuentre con
frecuencia.

Referencias

Capítulo 1: ¿Qué es la contabilidad (y puedo hacerla por mi cuenta)?

¿Qué es un contable y qué hace? Por: daveramsey.com
https://www.daveramsey.com/blog/what-is-an-accountant

Por qué y cómo ser su propio contable: Las herramientas que debe utilizar y los beneficios que obtendrá. Por el autor: Scott Morris https://skillcrush.com/blog/be-your-own-accountant/

¿Puedo ser mi propio contable? Por: Paypath.com
https://www.paypath.com/Financial-Resources/can-i-be-my-own-accountant

Capítulo 2: Contabilidad vs. Teneduría de libros

Contabilidad y teneduría de libros. Por: toppr.com
https://www.toppr.com/guides/accounting-and-auditing/theoretical-framework-of-accounting/bookkeeping-2/

Contable vs. Tenedor de libros. Por: On-Core Bookkeeping
https://www.youtube.com/watch?v=XsMvh4Ygv9I

Las 8 principales diferencias entre contabilidad y teneduría de libros. Por: flatworldsolutions.com

https://www.flatworldsolutions.com/financial-
services/differences-between-bookkeeping-accounting.php

Capítulo 3: ¿Qué métodos de contabilidad se adaptan a mi pequeña
empresa?

Contabilidad de doble partida vs. Contabilidad de partida
simple|, ¿cuál es la mejor? Por el autor: Yaqub Nipu

https://onlineaccountinghub.com/double-entry-vs-single-entry/

Los mejores métodos de contabilidad para las pequeñas
empresas. Por el autor: Billie Anne Grigg

https://www.fundera.com/blog/accounting-methods-for-small-
business

Contabilidad de caja vs. contabilidad de devengo: ¿Qué es lo
mejor para su pequeña empresa? Por: QuickBooks

https://quickbooks.intuit.com/r/bookkeeping/cash-vs-accrual-
accounting-whats-best-small-business/

Capítulo 4: 10 herramientas para la contabilidad digital

12 herramientas de contabilidad que toda pequeña empresa
necesita. Por el autor: Ben Rashkovich

https://www.fundera.com/blog/accounting-tools

El mejor software de contabilidad para pequeñas empresas en
2020. Por el autor: Kathy Yakal

https://www.pcmag.com/picks/the-best-small-business-
accounting-software

Capítulo 5: Configuración de un plan contable

Contabilidad para principiantes #20 / Plan de cuentas /
Activos, pasivos, patrimonio, ingresos, gastos. Por: CPA
Strength https://www.youtube.com/watch?v=yXJVISZA8yU

Desarrollar un plan de cuentas para su pequeña empresa. Por
el autor: Rosemary Carlson

https://www.thebalancesmb.com/develop-the-chart-of-accounts-for-your-small-business-392997

Plan contable - Explicación. Por el autor: Harold Averkamp (Site: accountingcoach.com)
https://www.accountingcoach.com/chart-of-accounts/explanation/2

Capítulo 6: Transacciones, libro mayor y libro diario

Definición, formato, tipos y ejemplos de cuentas del libro mayor. Por: toppr.com

https://www.toppr.com/guides/fundamentals-of-accounting/books-of-prime-entry/ledger-accounts/

Capítulo 7: Procesamiento de nóminas e impuestos

Cómo calcular los impuestos sobre la nómina y procesar la nómina usted mismo. Por: squareup.com

https://squareup.com/us/en/townsquare/how-to-do-payroll-yourself

Capítulo 11: Presupuesto de la pequeña empresa

Una guía para planificar con éxito el presupuesto de una pequeña empresa. Por el autor: Sonya Stinson (Site: Nationalfunding.com)
https://www.nationalfunding.com/blog/small-business-budget-planning/